おもしろサイエンス

毒と薬の科学

佐竹元吉［編著］

B&Tブックス
日刊工業新聞社

はじめに

「毒にも薬にもならない」という言葉は役に立たないという意味で使われていますが、化学物質には使い方次第によって毒にも薬にもなるものがいっぱいあります。

薬の歴史は、裏を返せば人と毒との関わりの歴史でもあります。

人類は誕生してから長い間、自然界の中から食べられるものを見つけ出し、病気になると身の回りの植物から薬草を捜し出し、狩猟のために矢に塗る毒物を捜すという原始的生活を行っていました。その後、農耕や牧畜が盛んになり、文明が生まれてきました。

最古の文明である古代エジプトでは、4000年前には医療に関する情報がパピルスに書かれており、この頃の医療技術が現在の西洋医学の基盤となっています。それと同時に毒の利用も高度に発展しました。エジプト最後の女王クレオパトラはいろいろな毒を下女で試して、コブラの毒を選んで自殺しました。古代中国では、農業と薬の神様である神農大帝が、百草を嘗めて食用か薬草か毒草かを選びました。これらの中で、健康増進に寄与するもの、薬になるもの、および有毒だが薬効のあるもの365種類が選ばれています。

漢方薬の原料として古くから利用されてきた植物には毒をもつものも多く、トリカブトのような猛毒植物も、燻製にして安全な薬にすることができます。

第二次大戦後、さまざまな化学合成薬が開発され、これによって多くの病気が治るようになりました。しかし、その一方で、サリドマイドやキノホルムのように深刻な副作用による薬害事件も起こり社会問題となりました。

精神を損なう各種の麻薬（乱用薬物）は鎮痛剤や麻酔薬や疲労回復薬などとして医療にも用いられています。最近社会問題となっている「危険ドラッグ」も、医薬品のために研究開発された化学物質が悪用されているものです。

現状では薬として利用されていない毒物もこの先、薬に利用できる可能性を秘めており研究が進められています。

本書では、このように使い方によって毒にもなれば薬にもなる化学物質を、化学、生物学の面からとともに歴史的、文化的な面からも取り上げます。

佐竹　元吉

２０１５年１月

目次

第1章 毒の基礎知識

第2章 毒と人間の古い関わり

第3章 植物の毒と薬

第4章 動物の毒と薬

第5章 鉱物の毒と薬

第6章 化学合成の毒と薬

第7章 「くすり」と薬物乱用

執筆者

第1章　毒の基礎知識
佐竹　元吉（お茶の水女子大学　生活環境教育研究センター　研究協力員）
第2章　毒と人間の古い関わり
佐竹　元吉（お茶の水女子大学　生活環境教育研究センター　研究協力員）
第3章　植物の毒と薬
関田　節子（昭和薬科大学　特任教授）
佐竹　元吉（お茶の水女子大学　生活環境教育研究センター　研究協力員）
紺野　勝弘（富山大学　和漢医薬学総合研究所　教授）
第4章　動物の毒と薬
紺野　勝弘（富山大学　和漢医薬学総合研究所　教授）
第5章　鉱物の毒と薬
伏見　裕利（富山大学　和漢医薬学総合研究所　特命准教授）
佐竹　元吉（お茶の水女子大学　生活環境教育研究センター　研究協力員）
第6章　化学合成の毒と薬
佐竹　元吉（お茶の水女子大学　生活環境教育研究センター　研究協力員）
第7章　「くすり」と薬物乱用
牧野　由紀子（東京大学　大学院薬学系研究科　研究員）

第1章
毒の基礎知識

1 毒になる化学成分

毒は、生き物にとって障害を起こすものです。毒の中で、天然毒の物質を毒素とよんでいます。毒が生体に影響を与えるメカニズムは毒の種類や生物体の種類によって違います。人には無毒でも昆虫には毒となるものにジョチュウギクがあります。逆に昆虫には無毒のトリカブトは人間には有毒です。

また、化合物によっては、微量なら人体に必須でも過量になると有毒になるものもあります。カルシウムは骨の形成に必要ですが、摂取しすぎると腎臓を傷めることになります。また、ビタミンAなどは不足すれば失調しますが、過剰摂取すればさまざまな疾病の原因ともなります。

毒は、その作用から、神経毒、血液毒、細胞毒の3種類に分類できます。

神経毒は、神経の信号伝達を阻害して神経や筋肉の麻痺を引き起こし、呼吸困難や心不全、痙攣などをもたらします。これに属するのは、トリカブトの毒やアヘンアルカロイドのモルヒネなどです。

血液毒は、血液の赤血球や血管壁等の形状変化、機能変化を引き起こし、激しい痛みや吐き気、腫れをもたらします。この例に、一酸化炭素中毒やヘビ毒などがあります。

細胞毒は、細胞壁の破壊やタンパク質合成の阻害、DNAへの障害などを引き起こし、発がんや生殖異常、奇形を発生させるもので、有機水銀や発がん物質などがあります。

毒物は医薬品の原料になるものもあります。例えば、漢方薬原料の附子《ぶし》や蟾酥《せんそ》は猛毒をもつトリカブトやシナヒキガエルの分泌物です。南米の矢毒のクラーレは、神経遮断薬のツボクリンの原料です。

毒の作用による毒物の分類

神経毒	テトロドトキシン（トラフグ）、アコニチン、モルヒネ、ニコチン、ボツリヌストキシン、α-ラトロトキシン（セアカゴケグモ）、サソリ毒（クロロトキシン、モーロトキシン、アジトキシン、カリブドトキシン）、マンダラトキシン（オオスズメバチ）、ハチ毒（キニン）（アシナガバチ）、バトラコトキシ（ヤドクガエル）、ヘビ毒、クモ毒、フグ毒、オニオコゼ、トリカブト、キノコ毒、有機水銀、覚醒剤、大麻、など
血液毒	一酸化炭素、塩素酸カリウム、アニリン、ニトロベンゼン、マムシやハブの毒、水銀、リン、鉛、ベンゼン、ヘビ毒、ハチ毒、キノコ毒、ベンゾール系薬品、ピリン剤、サルファ剤、ベンゾール系化学物質（ベンゼン、キシレン、ガソリンなど）、金、蒼鉛（ビスマス）、など
細胞毒	サリドマイド、リシン、有機水銀、有機ヒ素、発がん物質（アフラトキシン、ヒ素と化合物、アスベスト、ベンゼン、ベリリウヌ、カドミウム、ラジウム224と放射壊変物、トリクロロエチレンなど）混合物（アルコール飲料、フェナセチンを含む鎮痛剤、ビンロウジュの実、タバコと併用のビンロウジュ噛み、コールタール、無煙のタバコ製品）、環境（受動的喫煙環境、タバコの喫煙）など

毒の種類による分類

自然毒	植物毒	トリカブト、トウゴマ、毒キノコなど
	動物毒	マムシ、クモ、フグなど
	微生物毒	ボツリヌス菌、サルモネラ菌、毒キノコなど
	鉱物毒	ヒ素、水銀、カドミウムなど
人工毒	工業毒	トルエン、クロロホルムなど
	ガス毒	一酸化炭度、VXガスなど
	農　薬	パラチオン、DDT、BHCなど
	乱用薬物	覚醒剤、麻薬、大麻など

2 毒の症状から見た分類

「中毒」とは、「毒に中《あた》る」の意味であり、生体に対して毒性をもつ物質が許容量を超えて体内に取り込まれることにより、生体の正常な機能が阻害されることです。

中毒には、「急性中毒」と「慢性中毒」があります。「急性中毒」は、食中毒や強力な毒物を取り入れることで急速に生じます。「慢性中毒」は、長期間にわたって少量ずつ体内に化学物質が貯留することで起こります。

中毒はまた、外部から体内に有害物質が取り入れられて起こる「外生中毒」と、伝染病や尿毒症などの体内で生成された毒素によって起こる「内生中毒（自家中毒）」にも分けられます。甲状腺中毒症では、過剰分泌される甲状腺ホルモンが原因です。

覚醒剤や幻覚剤など中枢神経系に作用する向精神薬による行動や心理の変化は、精神障害の薬物中毒として扱われます。また、昏睡といった身体の状態も薬物中毒です。

毒物には、摂取後すみやかに効果が現れるものもありますが、長い時間がたってからでなければ効果が現れないものもあります。たとえば、シアン化ナトリウムやサリンなどは摂取・暴露後にすぐ症状が現れ、量によっては数分以内に死亡します。一方、ドクツルタケの毒素アマニチンや解熱剤アセトアミノフェンなどでは、食後数時間以上たたないと下痢などの諸症状が現れず、それらの初期症状を乗り切った後もしばらくたたなければ致死的な症状が発現しません。また、パラコートやアマニチンのように、激しい初期症状が治まった後、しばらくして多臓器不全となるような2段階の症状が現れるタイプの毒物もあります。

急性中毒

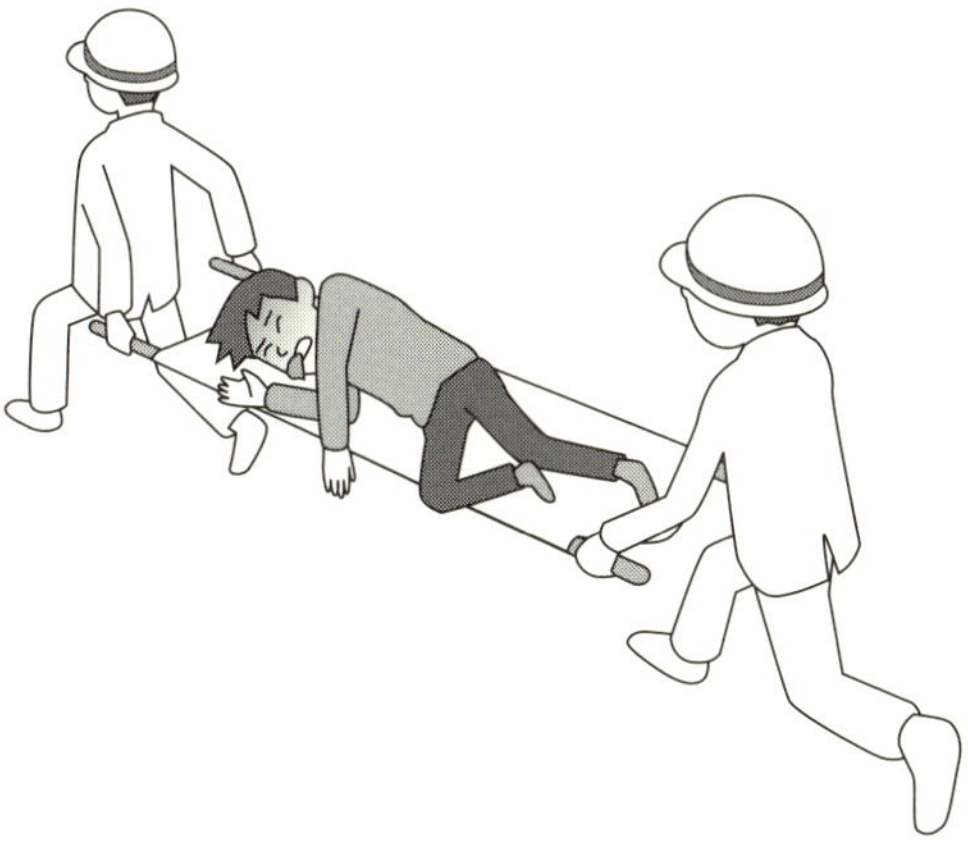

慢性中毒

中毒症の種類

食中毒	人体に有害な物質を含む飲食物を口にすることで発生する中毒。症状には、嘔吐、下痢、発熱、腹痛などさまざまな状態がある。 黄色ブドウ球菌、サルモネラ菌、病原性大腸菌、ノロウイルス、ロタウイルス、毒キノコ、フグ毒、各種アレルギーなどがある。
金属中毒	金属元素やその化合物を多量に摂取することで発生する中毒。 カドミウム中毒、水銀中毒、鉛中毒、ヒ素中毒などがある。
薬物中毒	「薬中」「薬物依存症」とも呼ばれ、依存性のある薬物を常習的に摂取してしまう症状。
ニコチン中毒	ニコチンによる中毒や、タバコへの依存であるニコチン依存症など。
一酸化炭素中毒	一酸化炭素は酸素の約250倍近く血液のヘモグロビンと結合しやすく、一酸化炭素を大量に吸い込むことで 酸素不足に陥る。
農薬中毒	農薬が原因で発生する中毒。原因の農薬には除草剤、消毒剤、殺虫剤などがあり、主な症状には呼吸困難、咳、嘔吐、腹痛、下痢、神経症状、瞳孔の障害がある。

特殊毒性の種類

刺激性	皮膚や粘膜などに投与された物質によって炎症が引き起こされることをいう。物質自体によって起きる急性的影響を「一次刺激性」といい、物質によって特異的にアレルギー反応が起こされる場合を「感作性」という。強酸・強アルカリなどのように皮膚や粘膜自体が破壊される場合は「腐食性」という。
免疫毒性	免疫機能の抑制やアレルギー反応の亢進など。感作性を含めることもある。
発がん性	がんの原因となる性質。
変異原性（遺伝毒性）	遺伝子または染色体の異常を起こす性質。変異原性は一般には閾値はないと考えられている。変異原は発がんイニシエーターにもなる可能性がある。
催奇性（発生毒性）	受精、受胎に関わる胎児の発達（発生）に対する悪影響。胎児に奇形を起こす性質。
生殖毒性	生殖に対する影響。受精、受胎、出産時等の母体の生殖能あるいは雄親の生殖能に対する悪影響。たとえば内分泌撹乱物質（いわゆる環境ホルモンなど）による不妊などの影響が挙げられる。
光毒性	投与後、光に当たった場合に投与物質が反応して皮膚に影響が現れるものをいう。投与物質自体による急性的影響と、感作性によるものがある。
遅発性神経毒性	末梢神経に対する遅発性の毒性。

毒物を見つけるために有毒性・安全性試験が行われます。これには、急性毒性試験、局所刺激性試験、感作性試験、変異原性試験、反復投与毒性試験があり、これらに合格すれば医薬品になりますが、どれかに不合格であったら医薬品にはなりません。この中の急性毒性試験で不合格の場合は毒物になります。

急性毒性試験は経口、経皮、吸入の中のどれかで行いますが、急性経口毒性試験が主に行われています。急性毒性経口試験は、マウスなどの動物に化学物質を1回経口投与し、投与後14日間の死亡数などで毒性を解明します。

中毒を起こす最低量のことを「中毒量」と呼びます。しかしながら、中毒量は解毒作用の個体差や状態により大差があります。肝機能や腎機能が低下している場合、毒物の解毒作用が弱くなるため、中毒量は低くなる傾向にあります。

3 毒の由来から見た分類

毒には、天然由来のものと合成由来のものがあります。天然由来は、植物、動物および鉱物に分けることができます。合成由来は、医薬品関連、農薬関連、その他の石油化学工業生産物があります。

有毒植物には、毒であるが薬にもなるものも多く知られています。心臓の治療薬のジギタリスは、量を間違えると有毒です。強壮作用や鎮痛作用に使われるトリカブトの根は附子《ぶし》として漢方処方に配合されていますが、この植物の葉を食べても死亡することがあります。薬用植物は経験から見つけ出されたもので、急性の病気でも慢性の病気でも治すものがあります。

有毒動物には、ハチなどの昆虫、サソリやクモなどの節足動物、ヘビ類などの爬虫類、カエルなどの両生類、フグなどの魚類、イソギンチクやカイメン類などの棘皮動物、貝類など強い毒を持っているものも多いですが、薬になっているのはガマ毒やヘビ毒くらいです。

鉱物毒はヒ素や水銀が有名ですが、鉱物は1500年前の医学書『神農本草経』に薬としての記載があります。硫化水銀は「辰砂」（別名「朱砂」）と呼ばれ、精神安定のために用いられていましたが、有毒なので使用が禁止されました。硫化ヒ素は「雄黄《ゆうおう》」と称し、解毒および殺虫に用いられていました。鉱山で出る廃液中のカドミウム、煙の中の鉛、亜硫酸ガスは環境汚染を起こします。

合成化合物では、無機化合物の青酸カリ、有機化合物の医薬品のサリドマイド、キノホルム、クロロキン、環境汚染を引き起こしたダイオキシン、有機溶剤のトルエンやクロロホルム、農薬のパラチオン、DDT、BHC、覚醒剤などの麻薬、毒ガスのサリン、VXガスなどがあります。

毒の由来による分類

元　素	フッ素（F_2）、塩素（Cl_2）、オゾン（酸素の同素体、O_3）、リン（白リン・黄リン、P_4）、セレン（Se）、ヒ素（As）など、カドミウム（Cd）、水銀（Hg）、鉛（Pb）、タリウム（Tl）、プルトニウム（Pu）、ポロニウム（Po）など	
無機化合物	フッ化水素（HF）、シアン化水素（HCN）、硫化水素（H_2S）、一酸化炭素（CO）、シアン化カリウム（青酸カリ）、シアン化ナトリウム（NaCN）、水酸化ナトリウム（NaOH）、塩化水銀（II）（昇汞、$HgCl_2$）、二クロム酸カリウム（$K_2Cr_2O_7$）、テトラクロリド金（III）酸（$HAuCl_4$）など	
有機化合物（生物由来）	アコニチン、イボテン酸、エキサイトトキシン、エラブトキシン、クラーレ、グラミシジン、コルヒチン、サキシトキシン、シガトキシン、シクトキシン、テタノスパスミン、テトロドトキシン、ドウモイ酸、トリゴネリン、ニコチン、パリトキシン、ボツリヌストキシン、ムッシモール、リシン、など	
有機化合物（合成物）	VXガス、サリン、ソマン、タブン、ホスゲンなど、ダイオキシン、トルエン、ポリ塩化ビフェニル、ビスフェノールA、、モノフルオロ酢酸、塩化メチル水銀、テトラエチル鉛など	
動　物	哺乳類	カモノハシ、ソレノドン、ブラリナトガリネズミ、スローロリス属
	鳥類	ピトフーイ
	爬虫類	コブラ科全種、クサリヘビ科全種、ナミヘビ科の一部、ドクトカゲ科全種
	両生類	多くの種で毒を保有していると考えられている。
	魚類	アイゴ、ウナギ、エイ、オニオコゼ、オニダルマオコゼ、ゴンズイ、ツムギハゼ、ハオコゼ、フグなど
	軟体動物	イモガイ、ヒョウモンダコなど
	節足動物	クモ、サソリ、ムカデなど
	甲殻類	スベスベマンジュウガニ
	昆虫類	アオバアリガタハネカクシ、アリ、チャドクガ、ツチハンミョウ、ドクチョウ、ハチなど
	刺胞動物	イソギンチャク類、カツオノエボシなどのクラゲ類
植　物	「代表的な有毒植物」の表を参照。	
キノコ類	カエンタケ、カキシメジ、クサウラベニタケ、コレラタケ、シャグマアミガサタケ、タマゴタケモドキ、タマゴテングタケ、ツキヨタケ、テングタケ、タマシロオニタケ、ドクササコ、ドクツルタケ、ドクヤマドリ、ニガクリタケ、ニセクロハツ、ベニテングタケ、ワライタケなど	
菌　類	細菌	ボツリヌス菌、大腸菌、病原菌
	カビ	カビ毒（マイコトキシン）
原生生物	赤痢様の症状（いわゆるアメーバ赤痢）を起こすアメーバなど	

代表的な有毒植物

科　名	植　物　名	含有毒化合物
アカネ科	ヨヒンベノキ	ヨヒンビン
アサ科	アサ	テトラヒドロカンナビノール
イチイ科	イチイ	タキシン
イチョウ科	イチョウ	ギンコトキシン、ギンゲロール酸
イラクサ科	イラクサ	アセチルコリン、ヒスタミン
ウマノスズクサ科	ウマノスズクサ類	アリストロキア酸
ウラボシ科	ワラビ	プタキオサシド
ウルシ科	ウルシ	ウルシオール
キョウチクトウ科	テイカカズラ	スタージャスミン
	ストロファンツス	強心配糖体
	カロライナジャスミン	ゲルセミシン、ゲルセミン
	ヤカツ（治葛）	ゲスネリン
	キョウチクトウ	オレアンドリンなど
キンポウゲ科	アネモネ	プロトアネモニンなど
	デルフィニウム	デルフィニン
	トリカブト	アコニチンなど
	フクジュソウ	シマリン
ケシ科	ケシ	モルヒネ
ゴマノハグサ科	ジギタリス	ジギトキシン、ジゴキシンなど
サトイモ科	クワズイモ	シュウ酸塩
シキミ科	シキミ	アニサチン
セリ科	ドクゼリ	シクトキシン
	ドクニンジン	コニイン
ナス科	ジャガイモ	ソラニン
	チョウセンアサガオ	アトロピン、スコポラミン
	タバコ	ニコチン
	ハシリドコロ	スコポラミンなど
	ベラドンナ	アトロピン、ヒヨスチンなど
ノウゼンカヅラ科	ノウゼンカズラ	ラパコール
ハエドクソウ科	ハエドクソウ	フリマロリン
バラ科	ウメ	青酸配糖体
ヒガンバナ科	イヌサフラン	コルヒチン
	スイセン	リコリン
	ヒガンバナ	リコリンなど
マオウ科	マオウ	エフェドリン
マチン科	マチン	ストリキニーネ
マメ科	カラバル豆	フィゾスチグミン
	センナ	センオサイド
	トウアズキ	蛋白：アブリン
ヤマゴボウ科	ヨウシュヤマゴボウ	フィトラッカトキシン、フィトラッキゲニン
ユキノシタ科	アジサイ	フェブラフリジン
ユリ科	カイソウ（海葱）	強心配糖体
	スズラン	コンバラトキシンなど
	バイケイソウ	ジエルビン、ベラトリンなど

4 毒の強さの表し方

毒性の強さを表す指標は、毒の強さの単位として50%の動物が死ぬ毒物の重さをLD_{50}で表します。LD_{50}が最も小さい、すなわち最も強い毒は細菌のボツリヌス菌が産生する毒素ボツリヌストキシンです。植物の成分では、トウゴマのリシンが０・０３㎎／kg、トリカブトのアコニチンが０・３㎎／kg、タバコのニコチンが７㎎／kgです。動物の成分では、モウドクヤドクガエルが０・００２〜０・００５㎎／kg、ブラジルキイロサソリが０・４３㎎／kgで、無機化合物の青酸カリが10㎎／kgです。

フグ毒については、フグの種類・部位ごとに毒性の調査が行われており、部位10ｇ以下で致死的なものを「猛毒」、10ｇ以下で致死的にならないものを「強毒」、１００ｇ以下で致死的にならないものを「弱毒」としています。１０００ｇ以下で致死的にならないものもあるため、毒を含まない部位を食用とし、有毒な部位は廃棄します。このためフグの調理には専門知識を必要とし、日本では都道府県レベルで定められたフグ調理師が調理にあたっています。

「毒物及び劇物取締法」は、大人が摂取した場合の致死量が２ｇ程度のものを「毒物」、２〜20ｇ程度のものを「劇物」とし、「毒物」は27種類、「劇物」は93種類が指定されています。この他、有毒物質は種類により「食品衛生法」、「化学物質の審査及び製造等の規制に関する法律」（化審法）、「労働安全衛生法」、「農薬取締法」などによって規制されています。また「薬事法」では、医薬品に指定されている物質のうち、LD_{50}が20㎎以下のものを「毒薬」、２００㎎以下のものを「劇薬」として、その取扱いに制限を加えています。

国際的には、化学品の分類および表示に関する世界調和システム（GHS）で、毒物・劇物を含む指定の化学品の容器のラベルにその危険性、有害性がよく分かるように「危険」の文字、標章および表示対象化学物質名称を付け、有害性情報と危険性情報および取り扱い方法などを文字で示しています。

被包の表示例

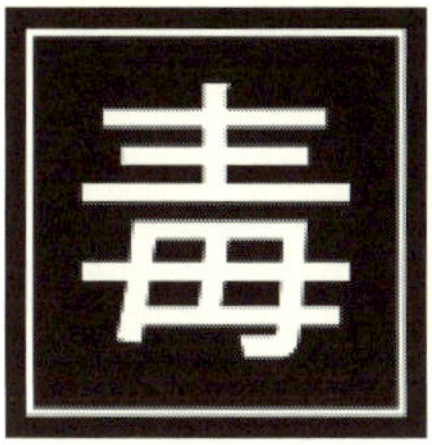

毒薬

劇薬

GHS対応ラベル

急性毒性（低毒性）

急性毒性（高毒性）

経口・吸飲による有害性

5 中毒を治す薬「解毒剤」

毒に侵された状態を治すことを「解毒」といいます。解毒の方法には、毒物を吸着するもの、化学的に結合して無毒化するもの、薬理学的に拮抗するものなどがあります。

毒を飲んでしまった時には、毒を吸着し、消化器官から流し出して大半の毒を取り除くことのできる活性炭を経口投与することが良い場合があります。

胃洗浄は最も重要な有効な解毒法です。生死を分けるのは、摂取してから胃洗浄を行うまでの時間、摂取した量および毒の吸収速度などによります。一般に摂取してから胃洗浄までの時間は1時間以内が目安です。

有害動物に咬まれたり刺されたりして体内に毒を注入された場合、結束バンドを使用して毒を局所に留め、毒が血液やリンパ液を経て全身に回るのを遅らせる方法もあります。

「解毒剤」は中毒を緩和することのできる物質のことです。ヘビの毒を採って少量を動物に注射すると、動物の血液の中に毒に対する抗体ができます。この抗体の入っている血清が解毒剤になります。この方法により、毒ヘビ、毒グモ、その他の有毒生物の毒に対する解毒剤が作られていますが、多くの生物毒には有効な解毒剤が存在せず、咬まれたり刺されたりするとこのような毒で死に至ることがあります。例えば、クモ、サソリ、ハチなど節足動物によるある種の毒はアレルギー反応が起こります。ナフィラキシーショックが起こった場合、その毒は致死性になる可能性を秘めています。

多くの毒には解毒剤はほとんど知られていません。例えばアコニチン中毒の場合、有効な解毒剤がなく、仮にヒトが致死量を摂取した場合、結果として死を招くことになります。

主な解毒剤

中毒を起こす原因	解　毒　剤
多くの経口毒物	活性炭
有機リン酸エステル およびカルバメート殺虫剤 いくつかのキノコ	アトロピン
重金属	EDTA、ジメルカプロール（BAL）、D−ペニシラミンおよび2,3−ジメルカプトコハク酸（DMSA）のようなキレート剤
シアン化合物	シアン化合物解毒剤（亜硝酸アミル、亜硝酸ナトリウムまたはチオ硫酸ナトリウム）
交感神経β受容体遮断薬 およびカルシウム拮抗剤	インスリン
麻薬による呼吸抑制作用	ナロキソン
有機リン化合物殺虫剤	プラリドキシムヨウ化メチル（2−PAM）
抗コリン作用薬	硫酸フィゾスチグミン
ワルファリン およびインダンジオン	フィトメナジオン（ビタミンK）および新鮮凍結血漿

解毒という言葉はギリシャ時代には知られていたようです。ギリシャ・ローマ時代には、暗殺に毒が用いられた記録があります。紀元前330年頃には、ディナーテーブルの飲み物にしのばされた毒がその役目を果たしたことが記録にあります。当時の権力者は暗殺に脅えながら解毒剤の研究を行っていました。

小アジアにあったポントス王国の国王ミトリダテス4世は、解毒の方法を求めて死刑囚に毒を盛りつつ解毒薬の試験を行い、わずかな量のハーブをいくつも調合することでこの時代でもっとも有名になった治療薬を発見し、「ミトリダティウム」と名づけられました。「ミトリダティウム」は、アヘン、没薬、サフラン、生姜、シナモンおよびトウゴマ（ヒマ）などを含んでいたとされます。

その後、ローマ皇帝ネロの侍医であったアンドロマコスによって改良され、後に万病薬「テリアカ」として活用されました。当初はヘビ毒の解毒薬で、約70種の薬物からなる薬方でした。東洋には7世紀に伝わり、中国の『新修本草』（659年）に外国渡来の薬方として記載されています。

Column

「毒消し」の薬

漢方や大衆薬では、腹痛を治すことを「毒消し」とか「解毒」といっています。毒消し薬には、漢方では黄連解毒湯《おうれんげどくとう》や十味排毒湯《じゅうみはいどくとう》、大衆薬では熊本の諸毒消丸《しょどくけしがん》や越後の毒消丸《どくけしがん》があります。

唐代に作られた処方の黄連解毒湯は、体が熱い感じをもった症状、胃潰瘍などの腹痛を治します。配合生薬は黄連《おうれん》、黄芩《おうごん》、黄柏《おうばく》、山梔《さんざ》子《し》です。十味排毒湯は、江戸時代の医師、華岡青洲が考案した方剤で、10種類の生薬（柴胡《さいこ》、樸樕《ぼくそく》、川芎《せんきゅう》、防風《ぼうふう》、荊芥《けいがい》、茯苓《ぶくりょう》、炙甘《しゃかん》草《ぞう》、乾生姜《かんしょうきょう》、桔梗《ききょう》、独活《どっかつ》）が絶妙なバランスで配合されています。

熊本の諸毒消丸は今でも大衆薬として市販されています。これは5種の生薬を調合した健胃強心薬で、下痢・消化不良など胃腸の調子が悪いときや息切れ・めまいがして気分のすぐれないとき服用します。この薬を製造・販売する吉田松花堂の初代主人がシーボルトに教えを受けて作られたものだそうです。

越後の毒消丸は慶長年間に始まったとされていますが、製造が本格的になったのは明治になってからです。最盛期の大正時代には製造所は24軒もあり、売り子は1000人以上にも達しました。この薬の行商は女性のみで行われていたようです。食あたりにいいという硫黄を配合した珍しい製剤でしたが、現在は製造されていません。

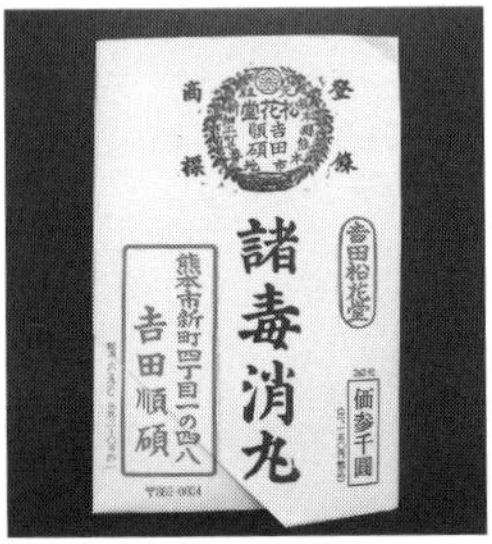

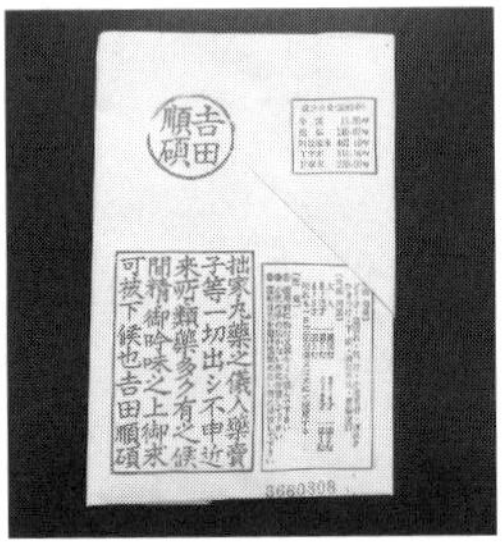

第2章
毒と人間の
古い関わり

6 毒の利用は古代エジプトで高度に発展

古代エジプト時代の医療に関するいろいろな文献はパピルスに記載されて残っています。『エドウィン・スミス・パピルス』は、紀元前17世紀頃に」書かれた世界でも最初期の医学書で、人体解剖的研究、診断、治療、予後診断などが多数記されています。紀元前1500年頃に書かれた『エーベルス・パピルス』は、古代エジプト時代の医学書の中で最もボリュームのある文書です。この中には、700種ほどの薬の調合法が記されています。

古代エジプトにおける毒の使用およびその知識についての記録は、紀元前300年頃と推定される史料まででしか遡ることができません。しかし、最初期の有名な王メネスが毒性のある植物や毒液の分析を進めていたと考えられる記録もあります。

古代エジプトでは、サソリをシンボルとする女神セルケトが、サソリの毒による刺し傷や、その他の砂漠に住む有害な生き物たちの毒から人々を守るとされていました。

紀元前350年頃の王ナクタネボ2世の治世の時代に、神官エサトゥムが彫ったといわれている石碑が現存しています。メッテルニヒ碑文もしくは魔術碑文といわれ、人々が病気の治癒の相談にやってくる神殿に石碑を建てたといわれています。この聖なる石碑に刻まれた呪文を読みながら石碑に注がれる聖水を飲み治療したと推測されます。

しかし、その後のプトレマイオス朝エジプトでは、毒に関する知見が存在したという証拠が、古代の錬金術師アガトダイモン（おそらく紀元前100年頃）の著作にあります。彼はある種の鉱物とナトロン（ソーダ石）が混ざると「猛毒」が生み出されると語ってい

マンダラゴン

サソリをシンボルとする女神セルケト

ます。この毒は、すっきりした解決を与えてくれる「水没」と表現されています。エムズレーはこの「猛毒」が三酸化ヒ素ではないかとし、この正体不明の鉱物が鶏冠石か石黄と結びついたためだと推測しています。

エジプト人には、アンチモン、銅、鉛、天然のヒ素、アヘン、さらには有毒植物のマンダラゴンなどの知識も継承されていたと考えられています。他にもこのような秘密がパピルスに書かれた文献に記載されています。初めて毒を高度に抽出し巧みに操ったのはエジプト人だと今では考えられています。

そしてクレオパトラの時代が訪れます。彼女はアントニウスの訃報を耳にし、エジプトコブラの毒で死ぬことを選んだといわれています。その死に先立って、彼女はまるでハツカネズミのように何人もの下女たちにベラドンナやヒヨス、ストリキニーネの木の種などいくつもの毒を試したと伝えられています。

7 ソクラテスが飲んだ毒とは何か

古代文明では武器に毒を塗って殺傷能力を上げていました。毒の用法は洗練されていき、古代人たちは武器としての威力を高めました。ギリシャ・ローマ時代には、暗殺に用いられた記録があります。

古代ギリシャ時代、ソクラテスは毒の盃を飲んで死んだと、プラトンは自著『パイドン』に書いています。飲んだ毒はドクニンジンといわれていますが、「パルマコン」とだけ書いてあって、ドクニンジンとは書いてありません。

この「パルマコン」というギリシャ語には、薬と毒という二つの意味が含まれています。人を治療して救うものが、人を殺す毒となるという意味です。ソクラテスの時代には、薬と毒は病気回復と死の恐怖が混在しているものにパルマコンという言葉を作ったのでしょう。現代語で言えばドラッグに近いかもしれません。英語で薬剤師はpharmacist（ファーマシスト）ですが、これも元々はギリシャ語のパルマコンから来ています。

ドクニンジンは、各種の毒性アルカロイド（コニイン、N-メチルコニイン、コンヒドリン、N-プソイドコンヒドリン、γ-コニセインなど）を含みます。これらの毒の中でも最も重大なのがコニインです。コニインは神経毒性の成分で、中枢神経の働きを侵し、呼吸筋を麻痺させるので人間や家畜にとっては有害です。

古代ギリシャや中世アラビアの医学では、ドクニンジンは鎮静剤や痙攣止め、関節炎などのさまざまな難病の治療に用いれられていました。しかし、服用量を間違えると危険が高いことから薬としては使われなくなりました。大量の服用は危険が高く、呼吸困難に続いて麻痺や言語障害を引き起こし、死にすら至りかねないからです。

ドクゼリ

ドクニンジン

ソクラテスの処刑に用いられたのは、もしかすると類似したドクゼリの毒であったともいわれています。

コニイン

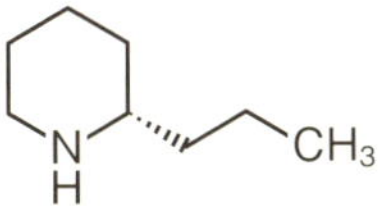

8 古代中国の医書に記載されていた毒鳥は実在した

中国で紀元前653年に著された『唐律疏義』に、殺人を意図した毒薬の使用と販売に対する刑罰の記載があります。この本で、「毒薬とは鴆毒《ちんどく》・冶葛《やかつ》・烏頭《うず》・附子《ぶし》など、人を殺せるものをいう。毒薬でも病気治療は可能なので、購入者が殺人を意図していても、その事情を知らずに売った者を処罰することはできない。もし事情を知りつつ売り、毒薬が殺人目的で使用されたら、購入者・販売者ともに絞首刑」とあります。この中の冶葛（毒成分ゲスネリン）、烏頭と附子（毒成分アコニチン）は植物の毒ですが、鴆毒は鳥の毒であるとされています。

鴆毒は、後漢代（紀元200年頃）の『神農本草経』にも記載されています。この本は365種の薬物を上品・中品・下品の三品に分類して記述しています。「上品」は無毒で長期服用が可能な養命薬、「中品」は毒にもなり得る養性薬、「下品」は毒が強く長期服用が不可能な治病薬とされています。下品には、附子のように猛毒なアコニチンを含むものもあります。中品には犀角があります。

この本には、解毒に関する記載もあります。「犀角の味は苦く、体を冷やして余分な熱を取り、寄生虫病などを治す。また、鴆羽の毒と蛇毒を治す」と書いてあります。

鴆は鷲ぐらいの大きさで、紫がかった緑の翼をもち、その体には毒をもつという怪鳥です。首は長く、クチバシは赤い色をしており、その羽を酒に浸せば致死性の毒酒ができるといいます。マムシの頭を好んで食べるといい、このため全身に毒をもつようになったのだといわれます。しかし、唐の時代の本ではこれは見られないので、架空の鳥であるとされてきました。

ズグロモリモズ（下）

（『サイエンス』1992年10月30日号表紙）

「和漢三才図絵」の毒鳥鴆

ところが1993年に、ニューギニアに生息するモズの仲間のズグロモリモズが有毒な羽をもっていることが報告されました。ズグロモリモズの毒成分はバトラコトキシンで、その毒性は3μg/kgで、アコニチンの5・97mg/kgの1000倍です。

バトラコトキシン

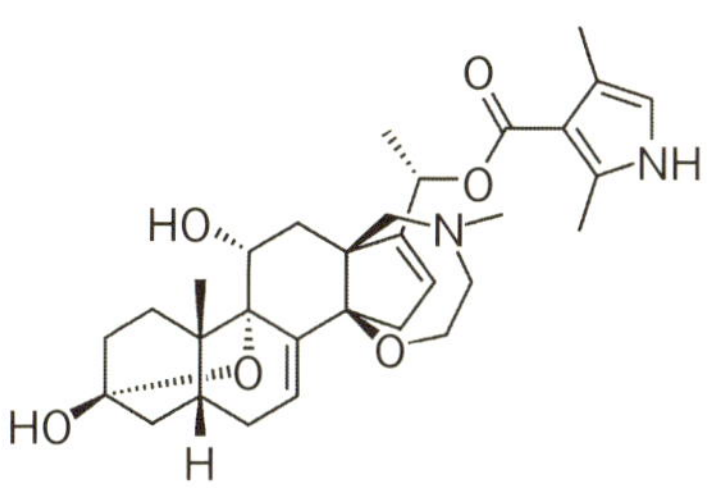

9 正倉院に保存されていた毒物

奈良の東大寺の正倉院には隋・唐の時代に日本に伝来した貴重な品々が保存されていますが、その中には約60種の薬物も含まれています。１９４８年に宮内庁は正倉院に保存されている薬物を初めて調査しました。

保存薬物目録の『種々薬帳』には「冶葛《やかつ》」という名の薬物が記載されていましたが、保存されている薬物からはこの名前のものが見つからず、冶葛とはどういう薬物なのかわかりませんでした。しかし、正体不明な根の破片が見つかったので、これが冶葛かもしれないと報告されました。

１９９４年の正倉院の再調査で、冶葛とされるものが見つかりました。記録によればかなり使われた形跡があり、現存しているのは３９０gでした。１９９６年、千葉大学薬学部の相見則郎教授が、提供された２・８gの冶葛を分析したところ、１２００年以上経っていたにもかかわらずゲルセミン、コウミン、ゲルセビリン、センペルビリンの計4種のアルカロイドが検出され、冶葛がゲルセミウム・エレガンスという猛毒植物であることが確定されました。

ゲルセミウム・エレガンスは東南アジアから中国南部が原産で、高さ６ｍのつる性常緑低木で、葉は楕円形または狭卵状披針形です。花期は秋から冬で、花弁は黄色で5弁あり、果実が熟すと裂けて種子が見られます。根を水洗いして乾燥させたものを漢方薬で「鉤吻」と呼び、喘息治療や解熱、鎮痛などに用います。しかし、あまりに毒性が強いため、『本草綱目』をはじめとする多くの医学書には「内服は厳禁」と記されています。有毒成分はゲルセミン、ゲルセミシン、ゲルセジン、コウミン、ゲルセベリン、フマンテニリンなどで、毒部位は全草にあります。中毒症状は１時間

冶葛の毒成分

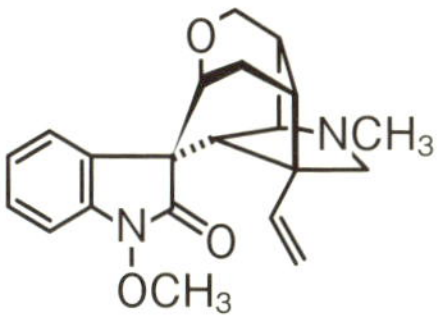

ゲルセビリン

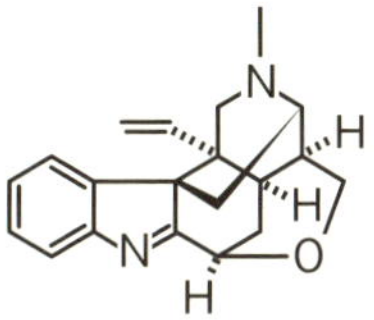

コウミン

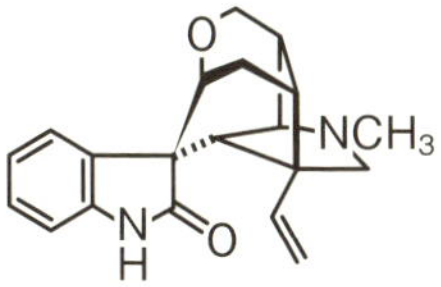

ゲルセミン

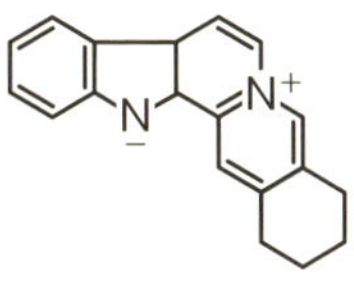

センペルビリン

ゲルセミウム・エレガンス

（出典）宮内庁正倉院事務所編：「図説正倉院薬物」、中央公論社

正倉院に保存されていた冶葛

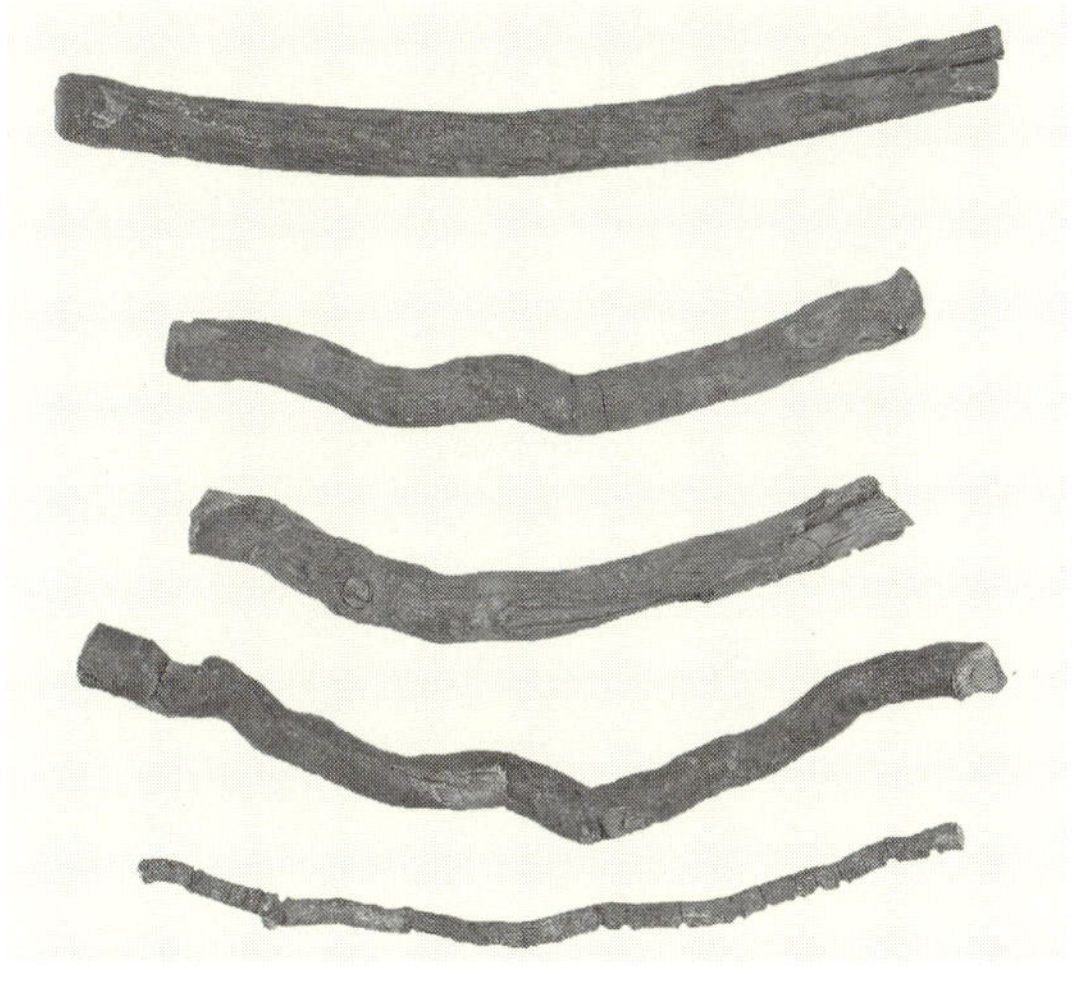

（出典）宮内庁正倉院事務所編：「図説正倉院薬物」、中央公論新社

正倉院の『種々薬帳』に記載されていた冶葛

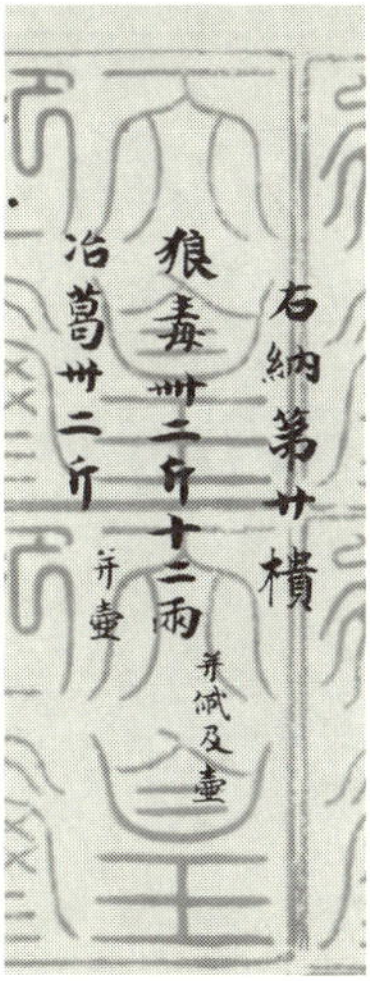

（出典）朝比奈泰彦編：「正倉院薬物」、植物文献刊行会

前後とされています。アルカロイドが延髄の呼吸中枢を麻痺させることから呼吸麻痺を起こします。

10 タバコは新大陸から薬として伝わった

紀元前700年頃の古代マヤ時代のツボが発見され、このツボの底の残存物はタバコであることが機器分析で明らかになりました。この頃にはタバコが消費されていたことの物的証拠で、アメリカ大陸におけるタバコが古代文明に起源をもつことがわかりました

紀元7~8世紀の遺跡からタバコを吸っている石柱が見つかっています。この石柱の「L神」はチューブ状のものを口にくわえ、先端から煙を吹かす姿がります。この頃の彩色の土器にも喫煙の姿が描かれています。

マヤ文明ではタバコは儀式や治療に用いていたようです。当時、タバコから立ち昇る紫煙は、神々への良き供え物であると同時にお告げをもたらすものと考えられ、その炎の動きや煙の形から戦いの勝敗や未来の吉凶までが占われました。また、部族間の和を結ぶ儀式の際、パイプ喫煙が行われるようにもなっていました。パイプは神聖な儀式用の祭器として部族の首長が持つものとされていました。一般のマヤの人たちは乾いた葉っぱを筒状に巻き、葉巻のようにして喫煙していたと思われます。

さらにタバコは治療にも用いられるようになります。新大陸では、病気を引き起こすのは体に宿った悪霊のせいであり、霊力を持つ呪術師がタバコの煙でそれを追い払うことで回復すると考えられていました。

1492年、コロンブスがサンサルバドル諸島に到達した時にタバコをヨーロッパに持ち帰りました。1559年に新しい医薬としてタバコはフランスの王室に献上されています。このタバコをカトリーヌ王妃が頭痛薬として用いたことから注目され始め、その後、各国で嗜好品として普及しました。しかし一方で、タ

マヤ中部地方から出土の禁煙人物像入彩文壺（7～11世紀）

（たばこと塩の博物館・蔵）

タバコを吸うL神のレリーフの複製

（たばこと塩の博物館・蔵）

16世紀に描かれたタバコによる陶酔状態の図

（たばこと塩の博物館・蔵）

16世紀に描かれた「リオス絵文書」。アステカ王国のモクテスマ王が「タバコ」を持ってくつろいでいる。

（たばこと塩の博物館・蔵）

バコに含まれるニコチンの依存性とタバコの煙の臭いを嫌う人たちから禁煙運動が起こりました。また、タバコの人体への影響と動物実験データからニコチンはヘロイン、コカインなどに匹敵する強力な依存性物質であるともいわれています。

喫煙大国であったアメリカでは１９００年代からタバコの発がん性が問題になり、１９６０年代から禁煙運動が活発になり、禁煙強化に向けて警告表示と広告の禁止、分煙・喫煙の推進などが行なわれました。１９８０年代以降、日本でも禁煙運動が動き出した。

タバコの害は、喫煙することで肺がん、口腔・咽頭ガン、食道がんなど多くのがんや、虚血性心疾患、脳血管疾患、歯周病などの疾患の原因と関連があることが指摘されています。タバコに含まれるニコチンによる依存性も問題があります。

タバコの煙は不完全燃焼過程であり、喫煙の間に熱分解、熱合成および蒸留反応が起きます。タバコの煙の中の成分は４０００種類以上あるといわれています。タバコを吸うときに吸い込む煙を主流煙と呼び、吸い込まない煙を副流煙といいます。主流煙の成分は、アンモニアなどの蒸気相成分と、ニコチンなどの粒子相成に分けられます。

副流煙は主流煙よりも多くの化合物を放出しています。特に有害なベンゼンやトルエンおよび多環属炭化水素のような低極性化合物が含まれています。これらの化合物の中で発がん性のあるものが60種類ぐらいあります。人体に対しては９種類が知られています。

タバコの主流煙中の発がん物質量

化合物名	タバコ１本当たり
ベンゾ(a)アントラセン	20～70 ng
ベンゾ(b)アントラセン	4～22 ng
ベンゾ(a)ピレン	20～40 ng
イデノ(1,2,3–cd）ピレン	4～20 ng
キノリン	1～-2 ng
ジベンゾアクリジン	3～10 ng
N–ニトロゾヂメチアミン	3～13 ng
N–ニトロゾピロリジン	3～60 ng
N–ニトロゾノルニコチン	0.12～3.7 ng
2–トルイジン	30～200 ng
2–ナフチルアミネ	1～22 ng
4–アミノイビフェニール	2～5 ng
フォルムアルデヒド	70～100 ng
アセトアルエヒド	18～1,400 ng
イソプレン	450～1,000 ng
ベンゼン	12～70 ng
スチレン	10 ng
ニトロベンゼン	25.3 ng

主流煙の揮発成分（1.0g中）

成　分	フィルターなし タバコ	フィルター付き タバコ
一酸化炭素	16.3 mg	19.1 mg
二酸化炭素	61.9 mg	67.8 mg
窒素酸化物	160 µg	90～145 µg
アンモニア	95.3 µg	98 µg
シアン化水素	595 µg	448 µg
クロロエチレン	17.3～23.5 ng	7.7～19.3 ng
イソプレン	420～460 ng	132～990 ng
ベンゼン	45～60 µg	8.4～97 µg
トルエン	56～73 µg	7.5～112 µg
ピリヂン	40.5 µg	27.6～37.0 µg
アセトアルデヒド	960 µg	94.6 µg
アクロレイン	130 µg	87.6 µg
ニトロソアミン	16.3～96.1 ng	7.4 ng
N-ニトロソピロリジン	13.8～50.7 µg	6.6 µg

主流煙の粒子相成分（1g中）

成　分	フィルターなし タバコ	フィルター付き タバコ
タール	16.0～36.1 mg	8.0～20.3 mg
ニコチン	1.7～2.6 mg	0.6～1.4 mg
トリデカン	14.3 ng	
ペンタッデカン	14.3 ng	
エイコサン	27.4 ng	
ドコサン	26.2 ng	
コエステロール	27.5 ng	
カンペステロール	53.4 ng	
ステグマステロール	97.5 ng	
シトステロール	74.1 ng	
石炭酸	96～117 ng	19.0～33.2 ng
o-クレソール	22～26 ng	4.2～6.8 ng
m-, p-クレソール	50～58 ng	17～23.3 ng
カテコール	318 ng	178 ng
ギ酸	400 ng	
酢酸	900 ng	
キノリン	1.67 ngn	0.62 ng
ナフタレン	3,900～5,000 ng	
1-メチルナフタレン	1,390～1,760 ng	
2-メチルナフタレン	1,720～2,130 ng	
アセナフチレ	50 ng	
アントラセン	109 ng	
ピレン	125 ng	
フルオランテン	125 ng	

11 熱帯で使われていた矢毒が現代の医薬品に

狩猟は、鉄砲が使われる前は刀、槍や弓矢で獲物を捕っていました。大型の動物や空を飛ぶ鳥や木の上のサルを捕るには、毒物を塗った長い槍や弓矢が有効でした。特に動物の種類の多い熱帯では、いろいろな矢毒が使われていました。これらの矢毒の多くは作用機序が解明され医薬品にもなっています。

南米で矢毒に用いられた代表的なものがクラーレです。この毒は、ペルー、エクアドル、コロンビアおよびブラジルのアマゾン川やオリノコ川流域の低地などの降雨林に生活するインディオが古くから狩猟に用いていました。これに使われた植物は、ツヅラフジ科のコンドロデンドロン・トメントスムとフジウツギ科のストリキノス・トキシフェラが代表的です。前者ではツボクラリンが、後者ではトキシフェリンが主な毒成分です。これらの成分は、生理学者のクロード・ベルナールらの研究により、骨格筋を弛緩させ麻痺させることがわかりました。矢を射られた動物は痛みの症状は示さず呼吸麻痺で死亡します。クラーレは人間の消化管からは吸収されないので、獲物を直ちに食べても問題ないといわれています。

熱帯アジアやアフリカに生育する常緑高木植物のマチンは、種子はホミカと呼ばれ、ブルシンとストリキニーネという2種類の毒成分を含んでいます。古くから殺鼠剤や殺人の道具として使われており、インドのアッサム州やミャンマー、マレーシアやインドネシアで何世紀にもわたって毒矢として使われてきました。西アフリカのシエラレオネの先住民もマチンの毒を矢先に浸して狩りに使っています。人間や動物がストリキニーネにさらされると、麻痺に苦しんだ後に重度の痙攣が起き、最終的には死に至ります。ストリキニー

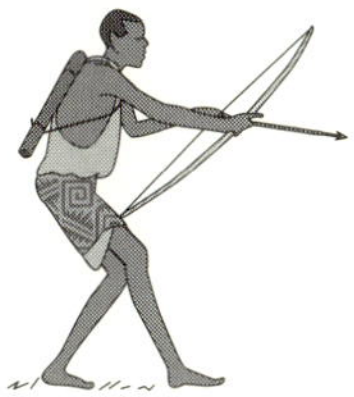

マチンの果実

ストリキニーネ

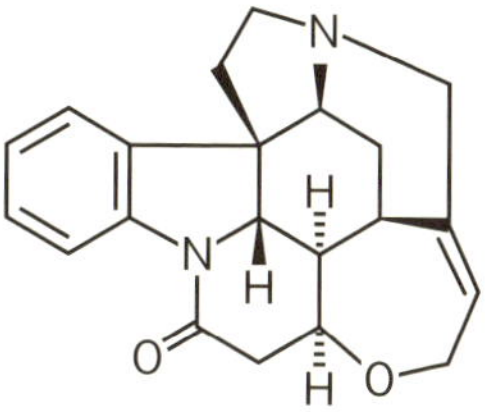

ホミカ

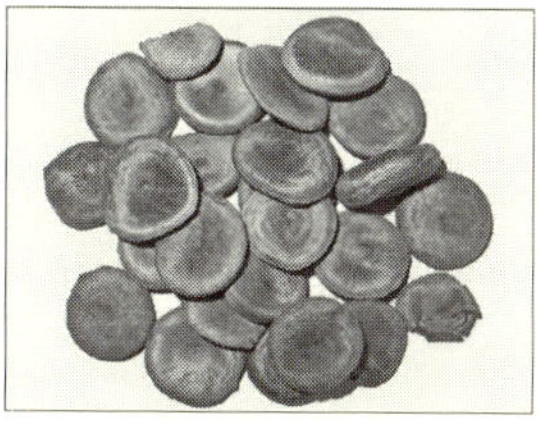

ネは医薬品としては、健胃薬や熱病、消化不良の薬としても用いられています

中央アフリカから東アフリカに分布するキョウチクトウ科のストロファンツス・コムべは花弁の先が糸状に伸びた美しい花を咲かせますが、アフリカの熱帯降雨林が茂る各地で矢毒として使われていることが明らかになりました。その毒の正体はストロファンチンという配糖体で、強烈な心臓毒です。しかし、単独で使われることは少なく、ヤマノイモ類の粘液やトウダイグサ科の乳液に含まれる毒成分と混合されることが多いといわれます。

コンゴではガガイモ科のムタリやマメ科のエリスロフレウムの樹皮を矢毒に使用し、猿を射落としていました。南部アフリカのカラハリ砂漠に住むサン人（ブッシュマン）はヒガンバナ科のバテのリコリンを矢毒として利用しています。また、キョウチクトウ科のアコカンテラの成分の強烈な心臓毒の配糖体ウアバリンとアコカンテリンが矢毒に利用されています。マサイ族やその周辺の民族もアコカンテラの毒の強心配糖体を使っています。

Column

幻の動物の毒と薬

ギリシャ神話の架空の動物に一角獣（ユニコーン）がいます。凶暴な野獣で、体は馬、鹿の頭、象の足、猪の尾、牡牛のような啼き声で、額の真ん中に1本の黒い角があるとされています。14、15世紀のヨーロッパでは一角獣は純潔のシンボルとされ、キリストになぞらえて聖なる動物とされていたようです。

聖なる動物の角はヨーロッパでは万病に効くという伝承がありました。当時の王や貴族は、一角獣の角に類似したイッカククジラの角を珍重して薬としていました。日本では蘭学者が江戸に持ち込み、新井白石が幼時に病気で死にそうになった時にこれを飲んで元気になったという記録があります。

中国では一角獣はサイでした。サイの角は犀角として漢代の『神農本草経』に書かれています。効能は解熱作用や解毒作用で、猛毒の冶葛、附子や鴆毒の解毒剤であると記録されています。中国の皇帝は毒殺を恐れて犀角で作った杯を常用していたようです。この杯が日本に持ち込まれ、正倉院で犀角杯として保管されています。

第3章
植物の毒と薬

12 きれいな花には毒がある

「きれいなバラには棘がある」という表現が転じて「きれいな花には毒がある」という表現もしばしば目にします。私たちがよく目にしている花のきれいな植物にも、毒成分の含まれているものがたくさんあります。

スズランの根は強心利尿薬とされていますが、強心作用をもつ成分のコンバラトキシンは毒にもなります。キョウチクトウは、やはり強心作用があるオレアンドリンを含んでおり、薬と毒の両面をもっています。薬用の部位は葉だけではなく花にも含まれています。

スイセンの鱗茎をすりつぶして布に乗せて患部に貼ると、乳腺炎、乳房炎、悪性の腫れ物、肩こり、神経痛、リウマチなどに効きますが、毒成分リコリンを含んでいるので使用には注意が必要です。リコリンは葉にも含まれているので、ニラやギョウジャニンニクと間違えて中毒事件が起きています。

カロライナジャスミンは、アメリカでは片頭痛、神経痛、喘息、リウマチに使われていました。毒成分はゲルセミシンで、脈拍増加、呼吸麻痺、中枢神経刺激作用、血圧降下、心機能障害の症状があります。

シャクナゲとツツジは、強い粘膜刺激作用のあるグラヤノトキシンを含有することが知られています。これを食すると、嘔吐、下痢、けいれん、神経麻痺、呼吸困難を起こす可能性があります。

ヒガンバナの根茎は去痰、利尿、解毒、催吐薬として用いられていました。民間では生の鱗茎をすりおろし、患部に貼って用いられていました。根にはリコリンやガランタミンが含まれており中毒を引き起こします。

スズラン

スイセン

キョウチクトウ

カロライナジャスミン

シャクナゲ

ヒガンバナ

13 古くから薬として利用されてきた猛毒植物トリカブト

トリカブトには多くの野生種がありますが、薬用として日本薬局方に収載されているのはオクトリカブトとカラトリカブトです。茎の高さは1ｍ前後で、秋に枝分かれした茎の先に独特な兜状の花を咲かせます。形態に変化が多く、種類が多くて種分類が困難な一群です。花の色は一般に紫色で、稀に白色、淡黄色などもあります。

トリカブトは全草にアコニチン系アルカロイドを含みます。口唇や舌のしびれに始まり、次第に手足のしびれ、嘔吐、腹痛、下痢、不整脈、血圧低下などを起こし、けいれん、呼吸不全（呼吸中枢麻痺）に至って死亡することもあります。致死量はアコニチン2～6㎎で、食後10～20以内に発症することが多いです。

早春から初夏にかけての山菜採集時期に、トリカブトの芽生え時期の葉と酷似している食用野草のニリンソウやモミジガサなどと間違って誤食される中毒事故が多く起きています。よく似ていますが、葉柄がトリカブトは中実、ニリンソウは中空です。山菜狩りは有識者とともに行うべきです。

トリカブトは世界の北半球の温帯以北に広く分布し、古来、致死的な有毒植物として知られてきました。矢毒としての利用はチベット族やアイヌ族が知られています。長時間加熱すると毒性が２００分の1となるため、射止めた動物肉を食することができます。

トリカブトは古くから、塊根を加工して漢方生薬「附子《ぶし》」「烏頭《うず》」として使われています。体の抵抗力がなく弱って体が冷えている状態の患者の衰えた新陳代謝の改善、疼痛、冷え、麻痺、弛緩などの諸症状の改善に用いられます。附子の配合されている処方の主なものは、麻黄附子細辛湯《まおうぶしさいしんとう》、八味地黄丸《はちみじおうがん》、牛車腎気丸《ごしゃじんきがん》、

トリカブトの主根は「烏頭」、側根は「附子」となる

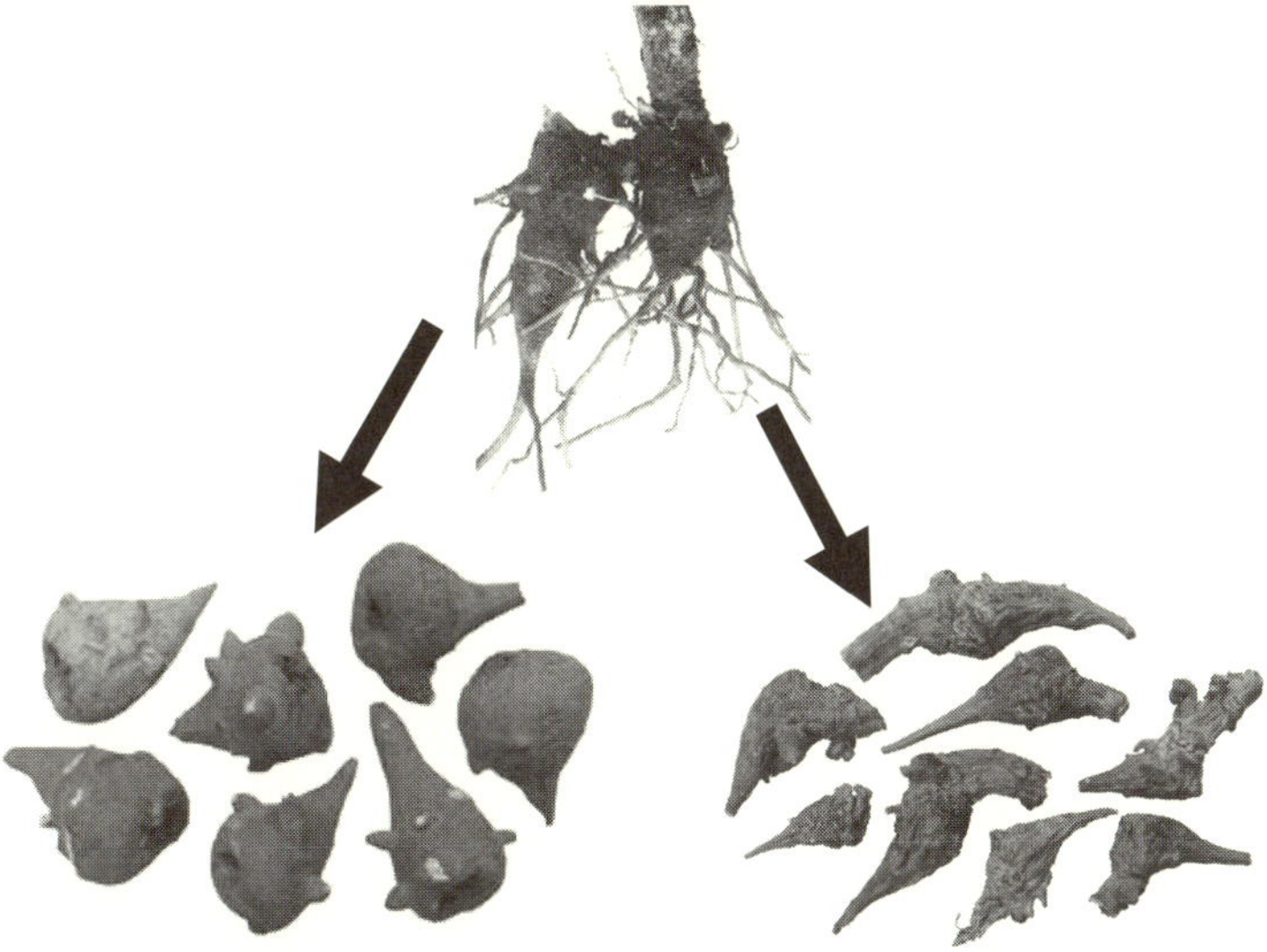

附子　烏頭

トリカブト

真武湯《しんぶとう》などです。

ヨーロッパにおいてもトリカブトは、ホメオパシー療法の分野で感冒、関節リウマチ、狭心症、三叉神経痛などの治療に用いられる重要な薬物です。

動植物や鉱物などの天然素材を減毒して薬とするために加工処理する方法を「修治」といいます。修治は、修事、炮炙、炮製とも呼ばれています。トリカブトは、有毒なアコニチンのジエステル体が熱処理されることで減毒されたモノエステル体となり薬効を発揮します。

これらの方法でできたものを加工附子として漢方処方に配合されています。

中国の長沙市にある馬王堆第3号漢墓から出土した2000年前の前漢以前の作といわれる医書『五十二病方』からは、トリカブトを修治した処方が治療に使われていたことが推定されています。後漢頃の作と言われる『傷寒論』『金匱要略』にも、附子の「炮」など70種類の薬物に対して修治が指示されています。

六朝時代には修治法を集大成した『雷公炮炙論』が著され、後世に大きな影響を与えています。明代の『雷公炮炙補遺』（1591年）には、この絵では、トリカブトの根を水洗いし、切断して、熱湯で煮て乾燥する工程が書かれています。

現在の中国では、『中薬炮製学（中薬学部統一教材）』に標準的修治法として炒法、炙法、煆法、蒸煮法、その他の方法が書かれています。加工の違いによって9種類のトリカブトの加工製品が作られています。

現行の日本の薬局方では、ハナトリカブトまたはオクトリカブトの塊根を次の3つの方法で減毒しています。

① 高圧蒸気処理する方法
② 食塩、岩塩または塩化カルシウムの水溶液に浸漬した後、加熱または高圧蒸気処理する方法
③ 食塩の水溶液に浸漬した後、水酸化カルシウムを塗布する方法

加工附子を配合した漢方処方

鎮　痛	茵陳四逆湯、解急蜀椒湯、甘草附子湯、桂枝附子湯、桂枝加朮附湯、桂枝加苓朮附湯、桂枝芍薬知母湯、芍甘黄辛附湯、芍薬甘草附子湯、十味坐散料、大黄附子湯、大防風湯、附子粳米湯
鎮痛、抗炎症	黄土湯、葛根加朮附湯
新陳代謝機能の失調復興、鎮痛	越婢加朮附湯、桂枝加附子湯、牛車腎気丸、四逆湯、四逆加人参湯、附子湯
新陳代謝機能の失調復興、抗炎症	小続命湯、通脈四逆湯、麻黄附子甘草湯、麻黄附子細辛湯
新陳代謝機能の失調復興、強心	真武湯、真武湯合理中湯、八味地黄丸、茯苓四逆湯
鎮静、鎮痛	附子理中湯

『雷公炮炙補遺』に記載された附子加工の図

(提供：趙中振・香港浸会大学教授)

熱処理によりアコニチンのジエステル体がモノエステル体に変化

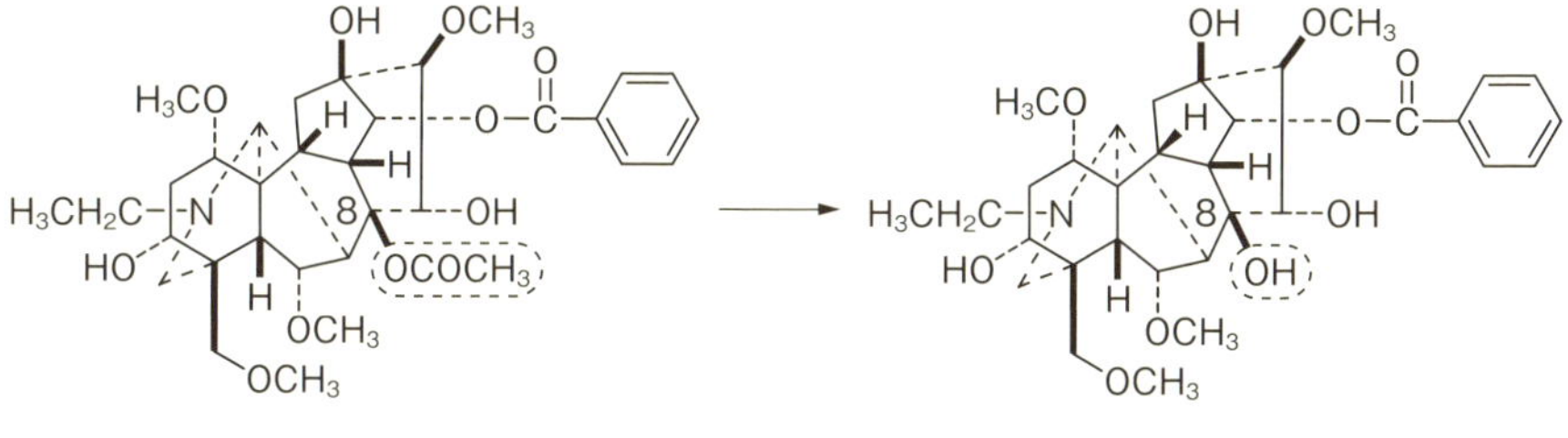

14 チョウセンアサガオで世界初の全身麻酔手術

江戸時代の医師、華岡青洲（１７６０～１８３５）は、１８０４年（文化元年）に世界で初めて全身麻酔手術に成功しました。

華岡青洲は、漢方医学の古医方を学び、続いてオランダの外科技術を学びました。動物実験を重ねた後、実母と妻が実験台となり数回にわたる人体実験の末、母の死、妻の失明という大きな犠牲の上に、全身麻酔薬「通仙散」（別名「麻沸散」）を完成させました。通仙散は、曼荼羅華《まんだらげ》（チョウセンアサガオ）、烏頭《うず》（トリカブト）を主成分とし、その他に川芎《せんきゅう》、当帰、芍薬《しゃくやく》など10種類に余る生薬を含みますが、その全容は残念ながら伝わっておりません。

チョウセンアサガオにはアトロピンやスコポラミンなどのトロパンアルカロイドが含まれ、副交感神経抑制作用、中枢神経興奮作用を示します。アトロピンは副交感神経を遮断し、中枢神経を初めは亢進、次いで麻痺させ、また血圧の上昇、脈拍の亢進、分泌機能の抑制、瞳孔の散大を起こします。スコポラミンはアトロピンに類似の作用を示しますが、アトロピンよりも散瞳作用が強く、分泌抑制作用が弱いようです。

近年でのチョウセンアサガオの中毒事件は２００６年、沖縄県南城市において起きています。自宅菜園でチョウセンアサガオを台木としてナスを接木し、収穫したナスを使ってミートソースを作りスパゲティにかけて食べたところ家族２名が発症しました。

この他に、チョウセンアサガオの根とゴボウを間違えた、チョウセンアサガオの開花前のつぼみとオクラを間違えた、チョウセンアサガオの葉をモロヘイヤ、アシタバなどと間違えた、チョウセンアサガオの種子とゴマを間違えた、といった中毒事件が起きています。

代表的なトロパンアルカロイド

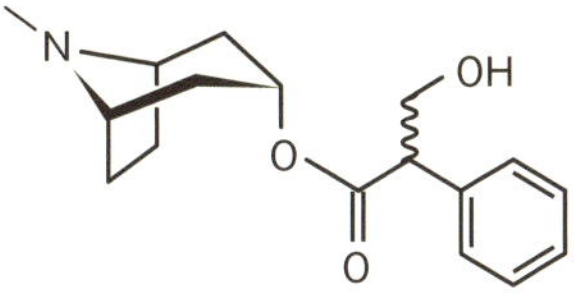

アトロピン

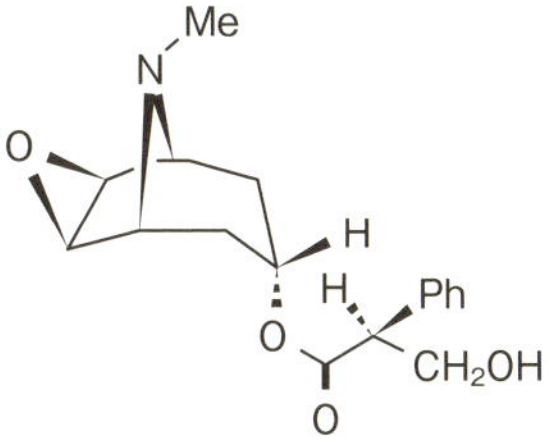

スコポラミン

華岡青洲の手術
(北里大学白金図書館蔵『春林軒奇患図』)

麻酔薬「通仙散」の主剤となった
チョウセンアサガオ

チョウセンアサガオの仲間で、庭先に見かけるエンゼルストランペットと呼ばれる大型のキダチチョウセンアサガオにもトロパンアルカロイドが含まれています。

15 キツネノテブクロの表は薬、裏は毒

ジギタリスは、エジプトの最古の医学書である『エーベルス・パピルス』に有毒植物のドクニンジン、トリカブト、アヘンと共に有毒植物として記載されています。古代ローマ時代から炎症の外用薬として、また、膿瘍に軟膏として用いられたと記録にあるそうです。

イギリスではジギタリスは「キツネノテブクロ」という名で親しまれてきました。イギリスの医師ウィザーリングは1775年にジギタリスの強心剤としての薬効を発表しました。

ウィザーリングは、重い水腫を患った老婆が民間薬の治療で治ったことを聞き、魔女と噂のある老婆に会いました。彼女は水腫の治療に何種類かの薬草を処方していました。用いた処方は、20種以上の薬草を配合したものでした。ウィザーリングは薬用植物の知識をもっていたので、その中にジギタリスがあることに気が付き、このことを本にまとめて出版しました。

1869年にはフランスの化学者ナティペユにより、ジギタリスからジギトキシンが抽出されました。ジギトシンは1875年、ドイツのシュミードベルグにより分離されました。これが心房細動の治療の特効薬であることが認められるようになったのは20世紀初頭になってからです。ジギトキシンの化学構造は、単離精製されてから半世紀以上経た1929年になって、ドイツのゲッティンゲン大学のウィンダウスによって決定されました。

ジギタリスと近縁種のケジギタリスには、ラナトシドC、デスラノシド、ジゴキシン、メチルジゴキシンなどの強心配糖体も含まれています。

ジギタリスの強心配糖体は心筋の収縮力を高める作用がありますが、その作用は、膜結合酵素の酵素の作

ケジギタリス

ジギタリス

ジギトキシン

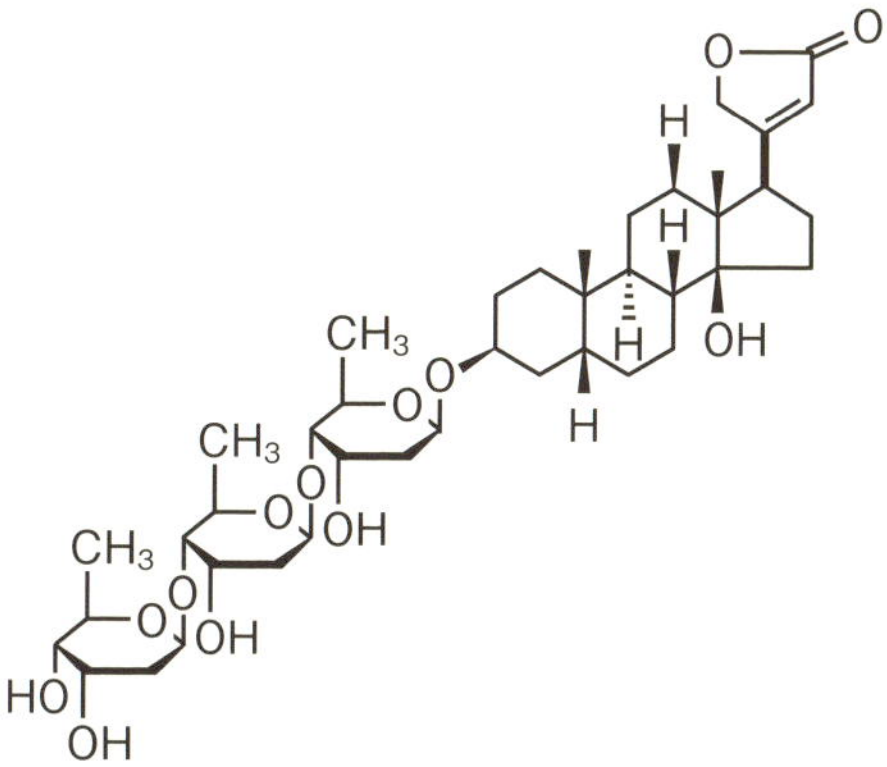

用を阻害し、ナトリウムとカリウムの能動輸送を妨害することに起因します。その結果、細胞内にナトリウムが増加し細胞外のナトリムと細胞内のカルシウムの交換が減退するため細胞内カルシウムが増加することになり、心筋の収縮力が高まるのです。

16 テロリストが用いたトウゴマの毒タンパク

1978年、猛毒のリシンの埋め込まれた弾丸を使った殺人事件がロンドンで起きました。同じ年、パリでも同様な殺人未遂事件が起こりました。リシンは、吸い込んだり飲み込んだり、あるいは注射されても細胞を壊死させて臓器不全を招きます。これらの事件の被害者は2人とも当時共産主義国だったブルガリアからの亡命者だったことから、ソ連のKGB（国家保安委員会）かブルガリアの秘密系警察による犯行と考えられました。

2003年にはアメリカのホワイトハウスでリシン入りの封筒が発見され、翌年、上院でも郵便物取扱室でリシンが発見されました。

10年後の2013年、オバマ大統領宛ての手紙の中にリシンが混入されているのをシークレットサービスが発見しました。10年前の事件同様、ホワイトハウス近くの郵便物を仕分ける施設で発見されたため、大統領の手元には届きませんでした。同じ年に、ニューヨーク市のブルームバーグ市長および彼が支援する団体「不法な銃に反対する市長たち」の元に送られてきた手紙からもリシンが検出されました。先のオバマ大統領の事件と同一犯としてテキサス州の女性が逮捕されました。

リシンの原料はトウゴマの種子です。トウゴマの原産地は東アフリカで、熱帯に広く野生化しています。熱帯では木本になりますが、温帯では落葉性の草本です。現在、トウゴマは世界で年間約100万トン生産されており、主な生産地はインド、中国、ブラジルです。

トウゴマの種子は40～60％の油分を含んでおりヒマシ油になりますが、種子のタンパクに猛毒のリシンが含まれています。

トウゴマの種は、紀元前4000年頃につくられたエジプトの墓所から発見されています。ギリシャ時代になるとヒマシ油を灯りや身体に塗る油として使用していたと記述されています。インドでは紀元前2000年頃からヒマシ油を灯りや便秘薬として使用していたと記録されています。中国でも数世紀にわたって内用・外用の医薬品として処方されています。日本ではヒマシ油は日本薬局方に収載されており、下剤として使われています。

トウゴマ

トウゴマの種子

17 毒樹イチイが抗がん剤に

イチイは庭先に植えてある赤い実のなる植物で、種には毒があることが知られています。イチイ類の使用の歴史は古く、紀元前に書かれたシーザーの『ガリア戦記』にセイヨウイチイが毒薬として登場しています。また、アメリカでは、タイヘイヨウイチイを先住民が消毒薬として利用してきたといいます。このイチイの仲間ががんの薬になりました。

アメリカのがん研究所は１９６０年から、植物成分から抗がん作用物質の発見をするための研究を開始しました。その結果、１９６６年に中国のキジュからカンプトテシンが発見され、１９７１年にアメリカ西海岸のタイヘイヨウイチイからタキソールが発見されました。これらの化合物が抗がん剤になるまでには40年の年月がかかりました。がんの細胞の増殖を抑える制がん作用は証明されましたが、医薬品になるための臨床試験で副作用が出てしまい開発は止まってしまいました。しかし、肺がんや大腸がんに有効な副作用のない合成研究が日米で開始されました。

その後の研究から、タキソールが他の制がん剤とはまったく異なる方法でがん細胞を攻撃することがわかりました。タキソールは細胞骨格を構成する微小管に結合し、細胞分裂を妨げる働きをします。がん細胞は健康な細胞よりも頻繁に分裂をくり返すので、タキソールはまず、がん細胞を優先的に攻撃するのです。

カンプトテンシンは安全な誘導体が合成され、イリノテカンとして１９９４年に日本で医薬品になりました。タキソールは、米国食品医薬品局により１９９４年に認可されました。タキソールは日本では１９９７年より販売され、現在、卵巣がん、非小細胞肺がん、乳がん、胃がん、子宮体がんの治療に使用されています。

イチイの葉

イチイの実

キジュ

カンプトテシン

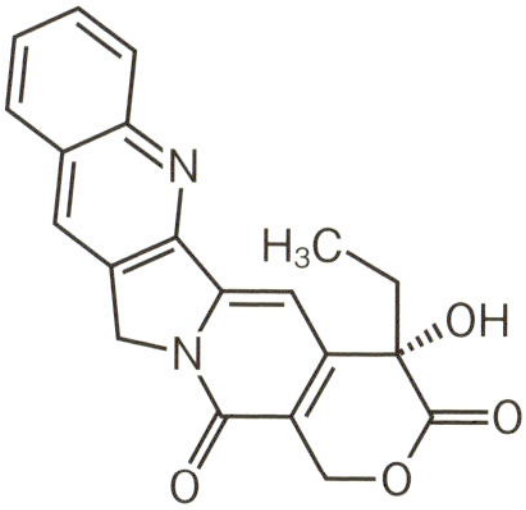

タキソール

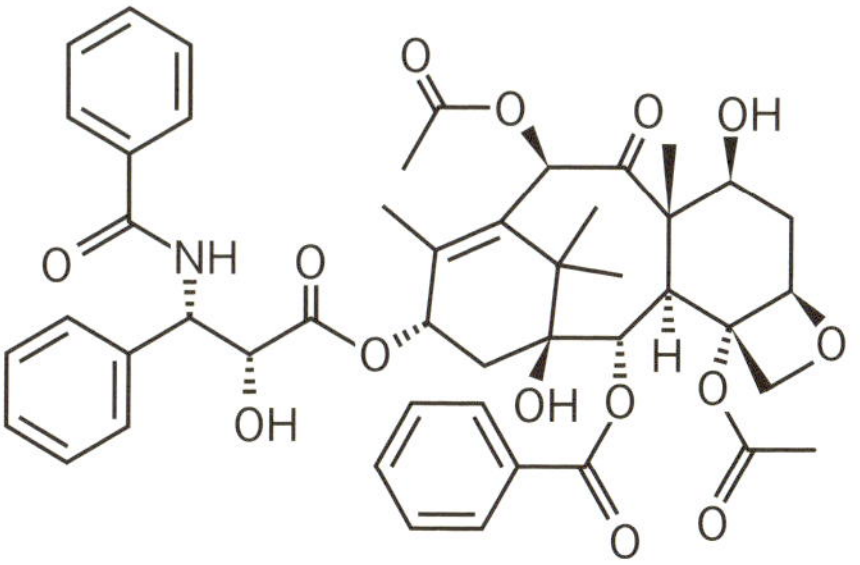

18 センナのダイエット茶で起きた中毒事件

下剤の原料として利用されているマメ科の植物センナには、アフリカのナイル川中流地域に野生し河口のアレキサンドリアに集積されるアレキサンドリアセンナと、インドのチンネベリー地方で栽培されるチンネベリーセンナの2種があります。

エジプトで書かれた世界最古の医学文書『エーベルス・パピルス』（紀元前1552年）にセンナは下剤として収載されており、ヨーロッパへは11世紀頃に紹介されました。下剤を必要とするヨーロッパ人にとってダイオウやアロエと並び最も頻繁に使用される植物性下剤の一つとされています。

もう一つの産地であるインドでも古くから薬用に供され、『スシュルタ本集』にやはり下剤として記録されています。しかし、インドではさほど重要な薬物ではありませんでした。日本や中国を含めた東アジアでの歴史も意外に浅いものです。日本では1820年の『和蘭薬鏡』に「大黄で効かない場合には体質に合わせてセンナを使う」とあります。1889年発行の『日本薬局方第1版』に瀉下薬として収載され、現在にいたっています。

センナの品質に関しては一般に、よく乾燥して色の青々とした葉（小葉）のみからなり、枯葉や軸（葉柄）の混入が少なく、センナ葉特有の香気の高いものがよいとされています。

成分のセンノシドが腸内で分解され、瀉下効果を示します。このセンノシドを成分とした多数の医薬品もありますが、胃のレントゲン検査後のバリウム排泄の目的や便秘症に用いられています。センノシドの働きはとても強力であるため、特に葉や実は、日本では医薬扱いとなっており、サプリメントや食品への配合は

センノシドA

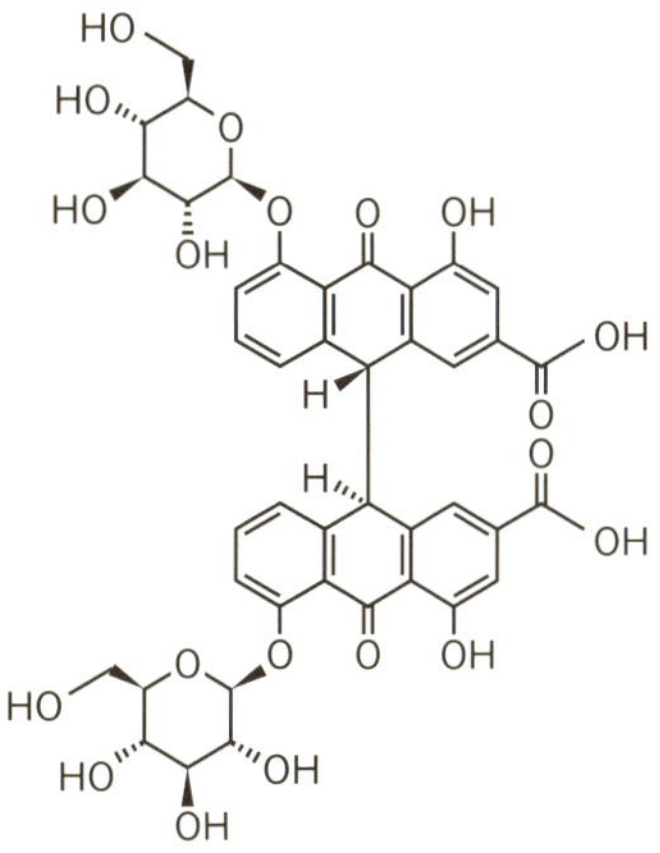

センナの葉

センナ

禁止されています。

ダイエットを標榜する食品として、センナを含むお茶も健康食品として利用されていますが、これによる中毒事件が起きています。このような健康茶の中には、効果を持たせるために緩下剤の「センナ」、食欲抑制剤の「フェンフルラミン」などの医薬品を添加した商品があり、これらは未承認医薬品とされ、薬事法違反です。

センナの茎は食品に使えるので、センナの茎のみが入っているお茶であれば薬事法上問題ありませんが、「センナ茎茶」と表示していながらセンナの葉軸が入っていたものが見つかりました。

健康茶中のセンナの検査は、液体クロマトグラフという機器で分析すると同時に、センナの葉があるかどうかを顕微鏡で確認します。センナは葉の裏側だけに刺のような剛毛が生えています。茎は真生中心柱なのに対して葉軸は維管束が二面性になっています。この特徴から「センナ茎茶」と称したものの中に葉軸の入ったお茶が見つかりました。

19 アマチャの誤用で起きた健康被害

アマチャは、葉を煎じて甘茶として飲む他に、苦味を和らげる矯味剤や口腔清涼剤、また糖尿病患者のための甘味料として薬に配合されています。その甘味成分がフィロズルチンです。また、アマチャのメタノールエキスには抗アレルギー作用、歯周病原因菌への特異的抗菌作用、抗酸化作用、胃粘膜保護作用および利胆作用のあることが判明しています。

アマチャは江戸時代の薬物書『大和本草』や『物類品隲』などにも「健康に益する」と記載されています。また、俳人の小林一茶が愛飲し元気で長寿を保ったことが知られています。

お釈迦様の誕生日の4月8日に、お釈迦様の像に甘茶をかける灌仏会という行事で甘茶を飲んで吐き気を催したという事件が2010年に起きました。

著者(佐竹元吉)も子供の頃、お寺に行って甘茶を飲んだことがありました。甘茶を飲んでこんなことが起こるとは思えないので、事件の起こったお寺へ行ってみました。箱根の山のふもとにあるお寺で、地元の新入学の子供たちのために衣装をまとった稚児行列を行い、最後に甘茶を振る舞う恒例行事での出来事でした。甘茶に間違いなかったかが最初の疑問でした。お寺の境内の畑の土手に植えたアマチャの葉を毎年使っていると古老が教えてくれたので甘茶に間違いはありませんでした。去年収穫した葉を揉みながら乾燥したものだそうです。

次の疑問は、誰がどこでアマチャの葉を儀式に使うお茶にしたかでした。煎じた場所はお寺の食堂で、作ったのは栽培地を見せてくれた古老でした。去年の作り方と今年は違いますかと尋ねると、今年は少し甘くしてやろうとアマチャの葉を多く入れたとのことでし

アジサイ

アマチャ

フェブリフジン

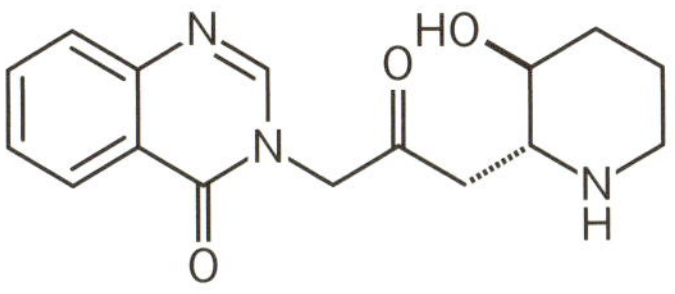

フィロズルチン

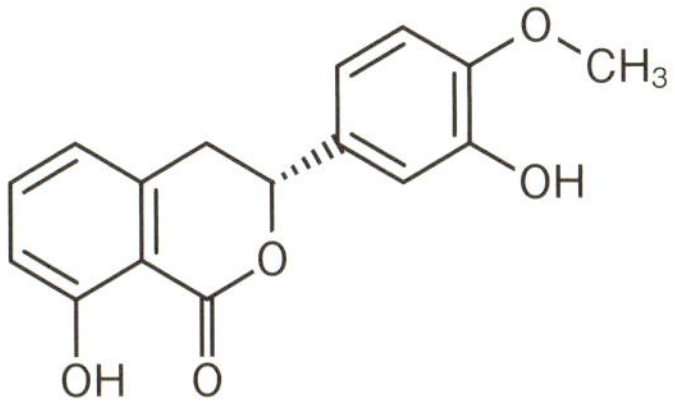

た。

市販の甘茶には「甘茶の飲み方」として、2〜3gを1ℓの水で煮出すとあります。この方法を参考に濃縮液を作ってみました。濃縮度が進むにつれて甘味よりも苦味が増し、5倍ぐらいになると吐き気が生じました。このことから、お寺での好意で甘味が出ると思って濃くしたことが予想に反して吐き気が出てしまったようです。

この年には、アジサイの葉を食べて吐き気がした事件も2件ありました。アジサイとアマチャは極めて近縁な植物ですので、原因は同じものと推測できました。アジサイには吐き気を起こすフェブリフジンが含まれていますので、この化合物を含んだ甘茶が濃縮されことによって起きた吐き気だったのです。

甘茶は薄いものが美味しくて安全な飲み物なのです。今まで通りに煎じれば安心して振る舞えます。原因がわかって子供の頃の楽しい思い出が壊されずにすんでほっとしました。

20 薬にならなかったキノコ毒

日本人は世界でも有数のキノコ好き民族といわれています。秋のキノコ狩りはその代表的なもので、昔から多くの人が野山でキノコを採り秋の味覚として楽しんできました。しかし、それにつきものなのが毒キノコによる食中毒です。

新聞やテレビのニュースでも毎年必ずいくつか見かけ、保健所などで注意を呼びかけているにもかかわらず、野生キノコによる食中毒はいまだに後を絶ちません。毒キノコは数十種はありますが、実際に中毒を起こすのは比較的限られていて、キノコ中毒御三家と呼ばれるツキヨタケ、クサウラベニタケ、カキシメジの3種で発生件数全体のほぼ3分の2を占めます。中でもツキヨタケは件数・患者数とも抜きん出ていて、毎年トップの座を譲りません。下痢・嘔吐などの胃腸症状が中心で、致死的ではないのが不幸中の幸いと言えます。

ツキヨタケの毒成分の研究は1950年代終わり頃から行なわれ、イルジンSと名付けられた当時としてはかなり珍しい構造の化合物が毒性本体と解明されました。また、その研究途中で、がん細胞を殺す効果（細胞毒性）があることがわかり注目されましたが、がん細胞ではない正常細胞にも毒性が強く、とても薬として使えるものではありませんでした。現在のような抗がん剤がまだ登場する前のことでした。

イルジンSは、実はツキヨタケよりわずかに早く、アメリカ産の毒キノコの毒成分として最初に見つかったものでした。アメリカの研究グループは、その後30年以上経った1990年代になってイルジンSの制がん効果の見直しを始めました。その結果、化学合成によって構造を少し変えることで、より毒性が低く制が

代表的な毒キノコ

ツキヨタケ

ベニテングダケ

タマゴテングタケ

ドクツルタケ

写真提供：松本則行（新潟県森林研究所）

ん効果の高いイロフルベンを見つけるに至りました。そこで、イロフルベンの抗がん剤を目指した臨床試験が進められましたが、ごく最近になって開発は中止されました。毒性の問題がどうしても克服できなかったようです。発見から半世紀余り薬を目指した多くの努力が傾けられましたが、結局薬にはなりませんでした。

〝毒を変じて薬となす〟といわれますが、キノコ毒に関してはいまだ一つも薬になったものはありません。しかし、生命科学の研究試薬となって間接的に人間の生活に役立っているものがあります。

おとぎ話の絵本によく出てくる赤い傘に白い斑点のあるベニテングタケは、「赤い色鮮やかなキノコは毒キノコ」の代表のように思われ、よく知られている毒キノコです。ベニテングタケは化学・薬理学の分野でも最も有名で、忘れてはならない毒キノコです。それは、毒成分ムスカリンがキノコ毒として初めて構造が明らかにされたこと、また、ムスカリンによって薬理学の研究が大きく進展したことによります。ムスカリンはコリン作動性神経と呼ばれる神経系に作用して中毒を起こします。この神経系の薬理学的性質は古くからよく研究されていましたが、ムスカリンの登場により、同じ神経系でもムスカリンに感受性が高いものと、タバコの成分であるニコチンに感受性が高いものの2種類があることがわかったのです。それが基になってムスカリン性とニコチン性のコリン作動性神経の分類が確立され、今では数ある神経系の中でも最も研究の進んだものとなっています。

生命の危険に関わる猛毒キノコの代表がタマゴテングタケです。欧米にはかなり普通に分布し、キノコ中毒死の90％はこのキノコによるものです。症状が現れるのが遅く、食後10～20時間後にコレラのような症状（嘔吐・下痢・脱水症状）が始まり、ついには肝臓に著しい損傷を受け、死に至ります。

日本国内では近縁のドクツルタケが比較的普通に見かけられ、毒性本体・毒性ともタマゴテングタケとよく似通っている猛毒キノコです。ドクツルタケは、生えている姿が鶴のように美しい毒キノコというのがその名の由来ですが、欧米でも〝destroying angel〟（破壊の天使）と呼ばれています。

これら猛毒キノコの毒成分はアミノ酸が6～8個つ

毒キノコの毒成分

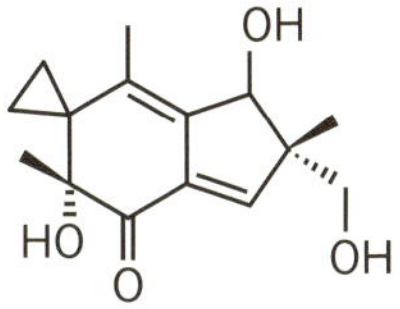

イルジンS

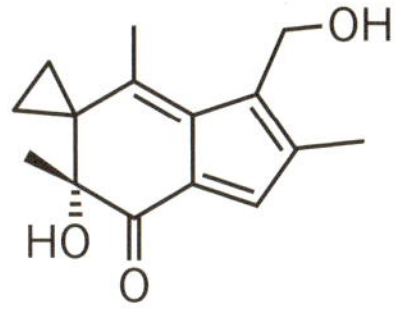

イロフルベン

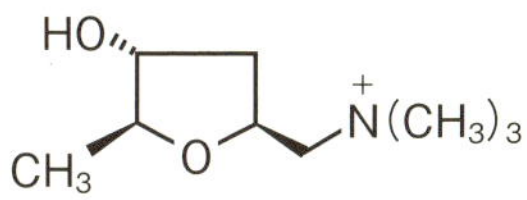

ムスカリン

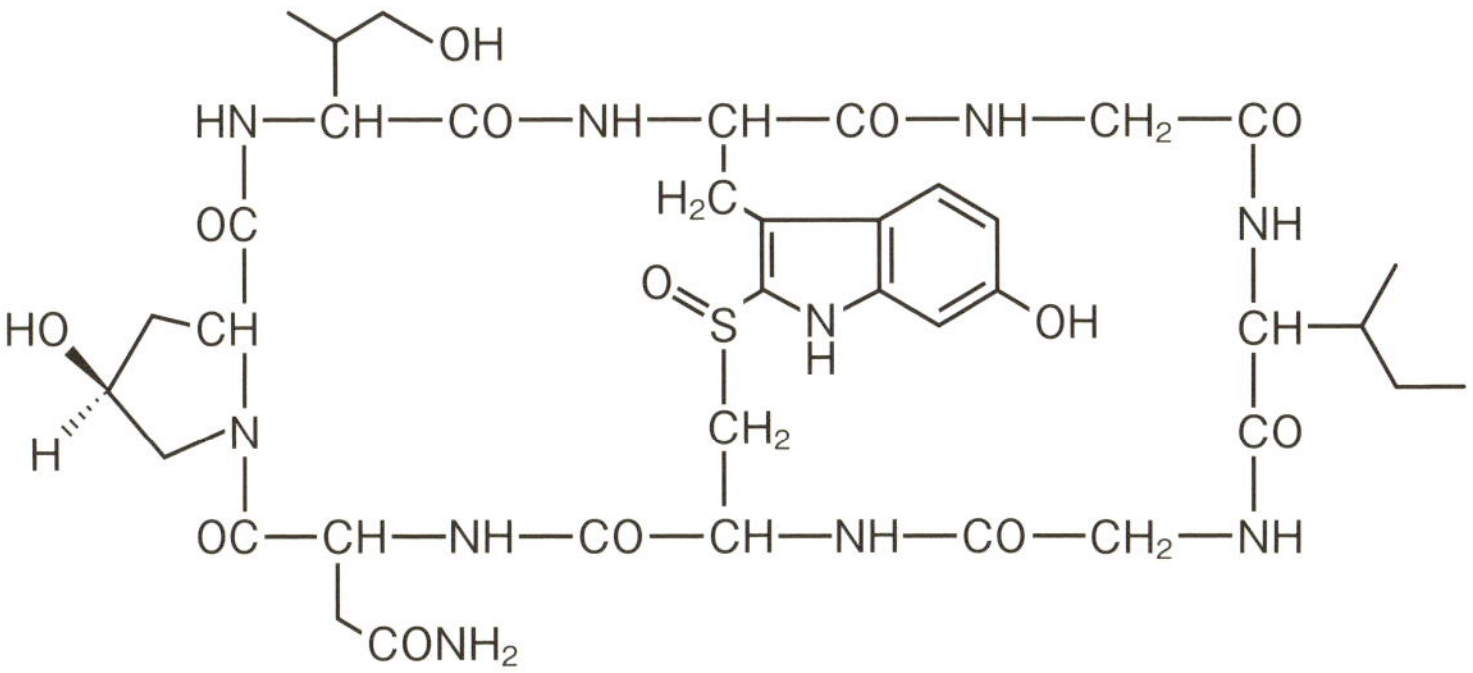

α-アマニチン

ながったペプチドで、さらにそれが2つの環状になった複雑な構造をしています。わずかな構造の違いによってアマトキシン群とファロトキシン群の2種に大別され、前者のほうが10～20倍強い毒性を示します。

アマトキシンの毒性は、細胞の中のRNAポリメラーゼⅡという酵素に特異的に作用し、酵素活性を遮断することに基づいています。この性質のため、α-アマニチンは生化学、分子生物学の研究試薬として重要で、薬品会社から市販され、研究者はいつでも買って研究に使うことができます。

ファロトキシンを動物に与えると肝臓に血液が急激かつ異常に蓄積し、著しい機能障害を起こします。これは、ファロトキシンが細胞中のアクチンという重要なタンパク質に結合することにもとづいています。そのためファロトキシンもやはり研究試薬として市販され、肝機能・アクチンの生化学研究に利用されています。

21 カビから作られる薬

カビは食中毒の原因にもなりますが、周りの環境の有害物質をなくして増殖する性質があり、この性質を利用して薬が作られます。

青カビの研究をしていたフレミングは、シャーレに植え込んだ青カビのコロニーの周りに細菌が繁殖していないことに気付き、青カビを増殖させ、その抽出物から細菌の増殖を抑えるものを見つけ出しました。これが１９２９年のペニシリンの発見につながったわけです。このような物質を「抗生物質」といいます。

２種の細菌が同じ場所に存在すると拮抗する現象があることから、ストレプトマイシンを発見したワクスマンが１９４２年のアメリカ細菌学会で「抗生物質」という名称を提唱しました。当初の抗生物質の定義は「微生物由来の、他の微生物の発育や代謝を阻害する化学物質」でした。

抗生物質は当初、細菌に対する抗菌薬がほとんどでしたが、その後、探査と研究が進んで細菌以外の感染症が多く知られるようになり、ウイルスや真菌などの感染症に対する抗生物質も次々と開発され、また天然物を化学的に修飾して改良したり、天然ではなく人工合成の抗菌薬も開発されました。抗腫瘍物質を概念に含めるため、微生物が産生し、他の微生物など生体細胞の増殖や機能を阻害する物質を抗生物質と総称するようになりました。現在、感染症を専門とする研究機関・医療機関では「抗生物質」という名称はあまり用いられず、それぞれ「抗菌薬」、「抗ウイルス薬」、「抗真菌薬」、「抗寄生虫薬」という名称を用いています。

作用機序から分類すると、「核酸合成阻害薬」、「細胞壁合成阻害薬」および「タンパク合成阻害薬」に分けられます。「核酸合成阻害薬」は、核酸（ＤＮＡや

RNA）の働きを阻害することによってタンパク質合成を抑制する薬です。リファンピシンがその例です。「細胞壁合成阻害薬」は、細胞膜に直接作用することによって、本来は細胞内で生命維持に関与しなければいけない物質を細胞外へと漏出させます。これによって細菌は死滅してしまいます。ペニシリン、ホスホマイシン、バンコマイシンなどがあります。「タンパク合成阻害薬」は、リボソームの働きを抑制することによってタンパク質合成を阻害する薬です。クロラムフェニコールなどがあります。

細胞壁合成阻害薬

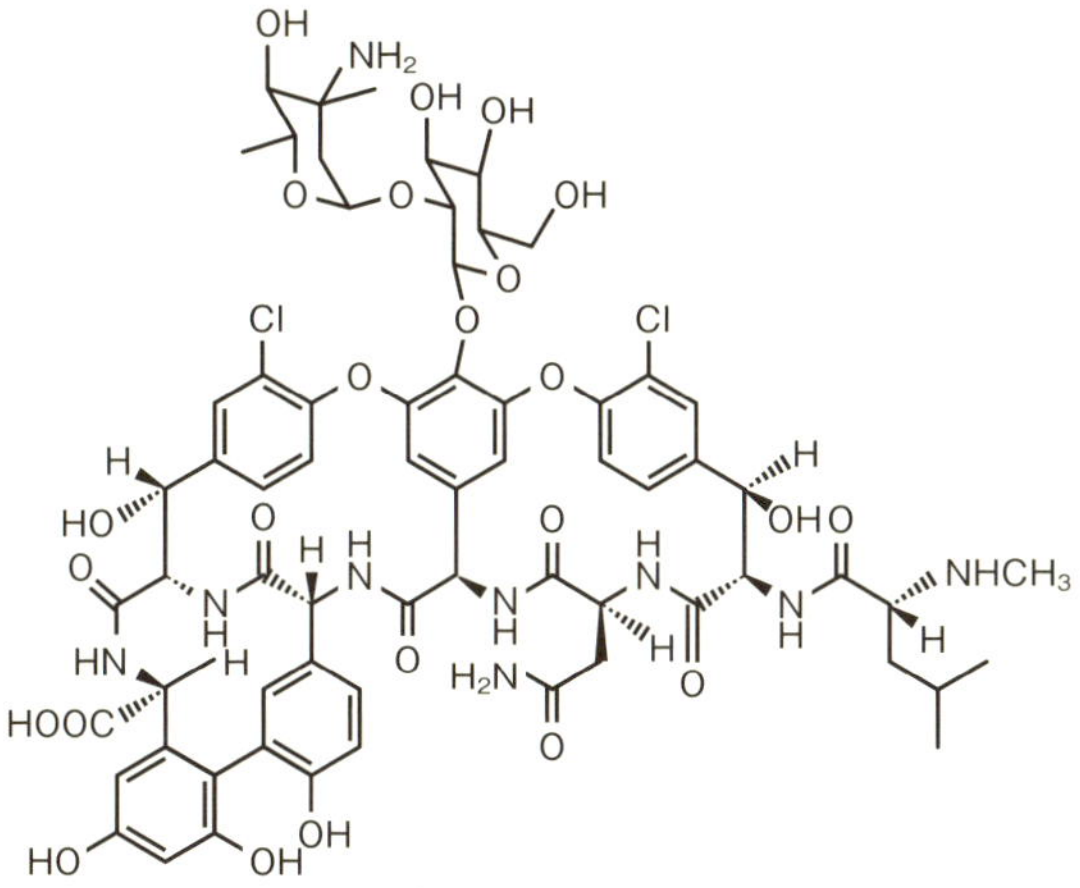

バンコマイシン

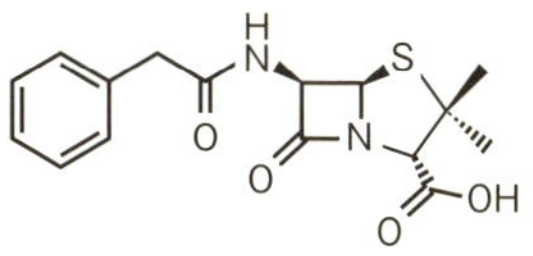

ペニシリン

核酸合成阻害薬

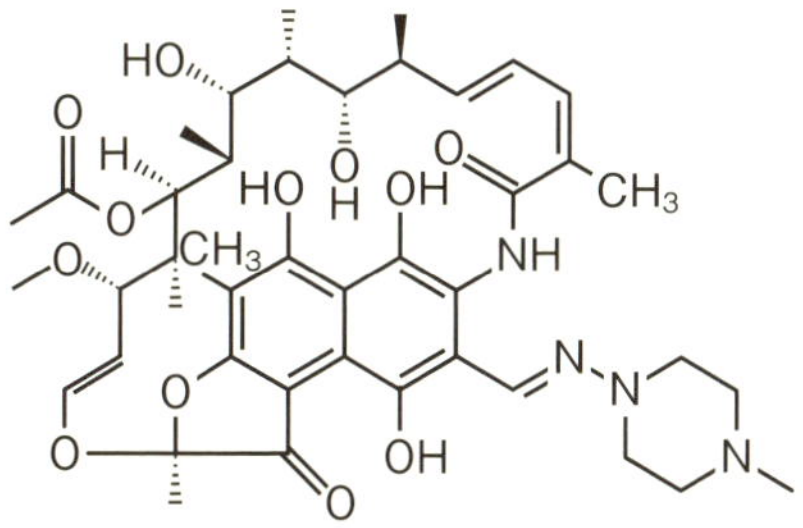

リファンピシン

タンパク合成阻害薬

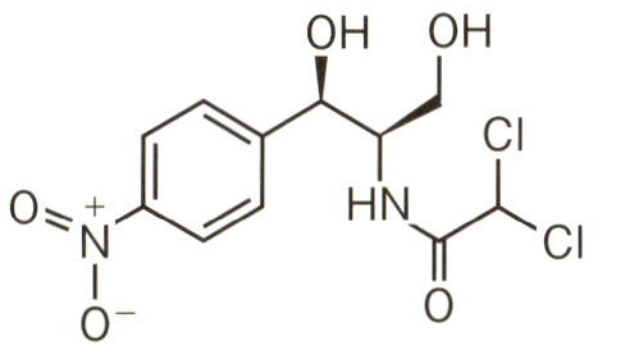

クロラムフェニコール

22 ライムギ中毒を起こす麦角菌から産婦人科薬

麦角菌は、ライ麦をはじめ小麦、大麦、エンバクなどのイネ科植物の穂に寄生するカビです。黒い角状なのでこの名で呼ばれるようになりました。この菌はイネには寄生例がないようです。

麦角菌の中に含まれる麦角アルカロイドは毒性を示し、ヨーロッパでは中世からしばしば中毒症状が報告されています。足や手の血管が収縮して血のめぐりが悪くなり、赤く腫れたり痛んだりした後、重症になると壊疽を起こして炭のように黒くなって崩れ落ちてしまいます。また、脳神経系にも作用して幻覚や痙攣なども現れ、さらに妊婦は死産しました。人々はその症状から「聖アントニウスの火に焼かれる病」と呼んでひどく恐れました。

麦角アルカロイドの多くは、セルグ酸に3種以上のアミノ酸が集まった環状ペプチド構造をもっており、ペプチド型麦角アルカロイドと呼ばれています。主要なペプチド型麦角アルカロイドには、エルゴタミン、エルゴメトリン、エルゴトキシンなどがあります。

麦角には血管収縮、血圧亢進、陣痛促進、臓器の止血作用があり、古くから堕胎や出産後の止血にも用いられましたが、現在は麦角そのものは用いられず、麦角成分のエルゴタミンが偏頭痛の治療に用いられています。エルゴメトリンとエルゴトキシンは子宮収縮作用が報告されています。これらの成分は作用が激しいことから激薬に指定されています。

幻覚剤のＬＳＤは、アルベルト・ホフマンによって麦角成分の研究過程で発見されました。ただしＬＳＤは麦角菌に含まれるものではなく、麦角成分であるリゼルグ酸の誘導体として人工的に合成されたものです。

エルゴタミン

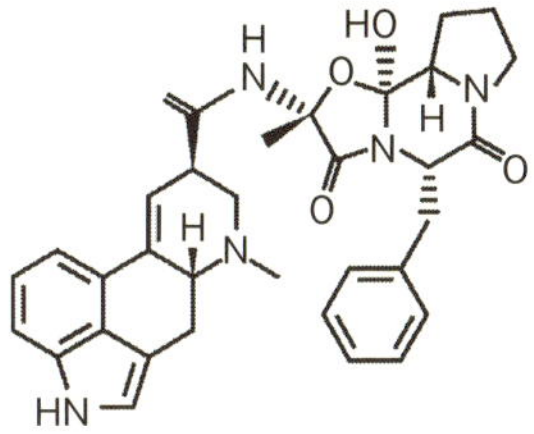

エルゴメトリン

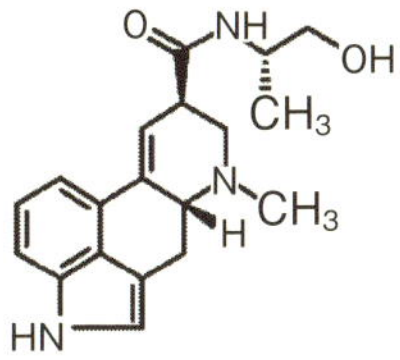

麦角菌の感染により黒く変色した麦の種子

麦角中毒の歴史

紀元前350年頃	パルシー教徒（ゾロアスター教の一派）の聖典には、麦角を「邪悪な穀物」とたとえ、「妊娠した女に流産を引き起こしてお産で死なせてしまう有毒な草」と伝えていた。
10世紀	「聖アントニウスの火」の最初の大流行があって、フランス南部で一回の流行で4万人が死んだ。
1670年	ツイリール（フランスの内科医）が「聖アントニウスの火」について研究し、ライ麦パンにあると結論した。
1808年	ステルンス（アメリカの内科医）が医学雑誌に麦角について報告した。
1853年	ツランスが「聖アントニウスの火」はライ麦ではなく、ライ麦に寄生する 麦角菌であることが報告された。
1927年	ロシアでは麦角中毒が発生し、約1万人の罹病し93人が死亡した。
1951年	「聖アントニウスの火」の流行がフランスで起きて、200人が羅患し、4人が亡くなった。

23 抗がん剤の開発に利用されるカビ毒

カビがつくる毒素をマイコトキシンと総称します。代表的なマイコトキシンとしてアフラトキシン、シトリニンなどがあります。

1976年に日本はコメ不足で困ってビルマ（現ミャンマー）から大量にコメを輸入しました。このコメが倉庫で黄色に変色し、食べて安心かどうかを調べたところ、このカビの生産するシトリニンは、肝障害や肝臓がんの恐れがあるものでした。この研究からカビの抗がん物質探しが始まりました。カビを培養して、その抽出液から細胞に変化を引き起こす作用をもつ変異原性の有無を検討した結果、発がん性のある化合物が見つかりました。

ヘルミントスポリウム属のカビから見つけ出されたサイトカラシンは猛毒です。アクチンの重合を阻害する働きをし、抗がん剤の開発にはなくてはならないものになっています。アクチンは小さい繊維の塊で、球形のタンパク質です。この繊維はアクチンフィラメントといい、細胞の形を決定し、細胞質流動と細胞分裂での収縮に関与しています。筋細胞ではミオシンと共に筋収縮を担います。分子量が約4万2000の球形アクチンはG–アクチンと呼ばれ、G–アクチンが多数重合した糸状の重合体はF–アクチンと呼ばれマイクロフィラメントになります。G–アクチンの細胞内濃度が重合反応と脱重合反応を律速しています。

サイトカラシンは、F–アクチンに結合して、G–アクチンが結合するのを阻害するキャッピング機能によりF–アクチンの脱重合を促進します。その結果、核分裂のみを進行させ、細胞運動、白血球食作用、血小板凝集などが阻害されます。このメカニズムを応用して抗がん剤開発のための研究用試薬が作られています。

サイトカラシンB

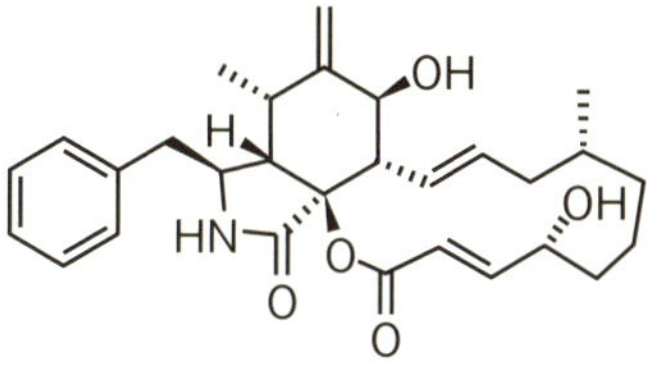

細胞分裂とアクチンフィラメント

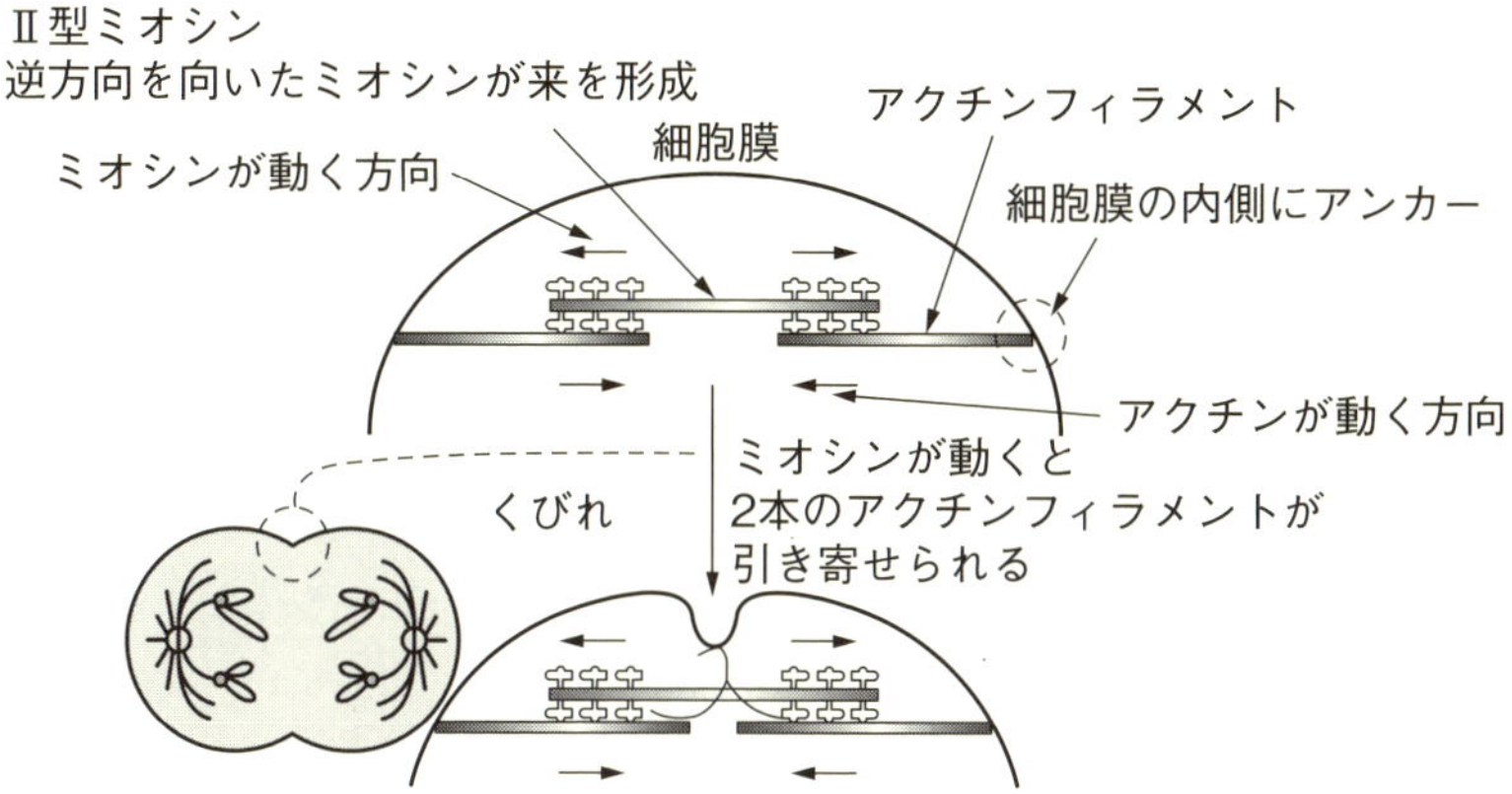

アクチンの重合と脱重合

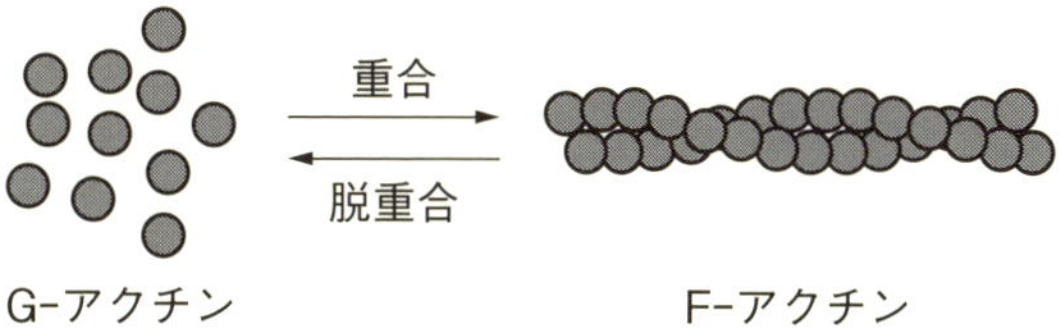

Column

毒物の知識の豊富だった アガサ・クリスティー

推理小説には名探偵が登場します。アメリカの作家エドガー・アラン・ポーの名探偵オーギュスト・デュパンに始まり、イギリスの作家アーサー・コナン・ドイルの名探偵シャーロック・ホームズ、イギリスのアガサ・クリスティーのポアロとミス・マーブル、日本では江戸川乱歩の明智小五郎が有名です。

この中で女流作家のアガサ・クリスティーの作品は毒殺事件が多く登場します。彼女が毒物の知識が豊富な理由は、作家になる前、看護師の見習いや薬局で薬剤師として活躍した時の知識と経験に基づいていたからでしょう。処女作の『スタイルズ荘の怪事件』ではストリキニーネが使われ、名探偵ポアロが謎解きをしています。短編『ナイチンゲール荘』のクライマックスでは、主人公の女性が「ヒオスシンという、ほんの一つまみで人を殺せる毒薬がある」と話しています。

戯曲『ブラック・コーヒー』でも、この薬物が殺人に使われています。小説『蒼ざめた馬』はタリウムを用いた事件で、実習薬局の店主が計量単位の勘違いから犯した調剤ミスをヒントに書かれています。作中の殺人には毒物の青酸カリ、モルヒネ、ジギトキシンなどが使われています。青酸カリの出てくる作品は『鏡は横にひび割れて』、『事故』、モルヒネは『杉の柩』があります。イチイは『ポケットにライ麦を』、ドクニンジンとベラドンナは『五匹の子豚』、ジキタリスは『火曜クラブ』で使われています。

漫画家・青山剛昌の『名探偵コナン』の主人公、江戸川コナンの名前の由来は、江戸川乱歩とコナン・ドイルからで、コナンのアドバイサーで小道具の機器を開発している阿笠博士はアガサ・クリスティーにちなんだ名前のようです。

第4章
動物の毒と薬

24 ガマガエルから採取する心臓の薬

カエルは最も身近な動物の一つとして親しまれ、子供の頃、田んぼや川岸などでカエルを捕まえて遊んだ経験をもつ方も多いと思います。そんな時、「カエルを触った後は、よく手を洗いなさい」と教えられたこともあるはずです。カエルは、身の危険を感じたり外敵に襲われそうになった時、自分の身を守るため背中に毒を分泌するからです。ただ、ちょっと触っただけですぐどうこうなるわけではありませんが、その手で目をこすったりすると、腫れたり痛くなったり、若干大変なことになるのです。

そんなカエル毒の一つが、心臓の薬としてはるか昔の1000年以上前の中国の時代から使われています。ガマガエルの毒を集め、固めてつくられる蟾酥《せんそ》という漢方生薬です。ブファリンをはじめとした数種のよく似た構造の化合物ブファジエノライド類は、弱った心臓の働きを強める強心作用の薬効成分です。しかし漢方薬なので、蟾酥だけで薬となるわけではありません。他のいくつかの生薬も配合され、はじめて薬となります。〝富山のくすり〟として有名な置き薬の「六神丸」や、薬局・薬店で買うことのできる「救心」が、蟾酥配合の漢方薬として今でもよく使われています。

日本では、江戸時代からガマの油という傷薬があり、「ガマの油売り」の口上が有名です。ガマの油も実は蟾酥という説がありますが、真相ははっきりしません。少なくとも現在あるガマの油には蟾酥は含まれてはいません。

ブファリンとよく似た構造で、特にヨーロッパでやはり心臓の薬として昔から知られているのが、ジギタリスの成分ジギトキシンです。ただ、少しの構造の違いで、排泄の早さ、蓄積性が違い、蟾酥のほうが薬と

ジギトキシン

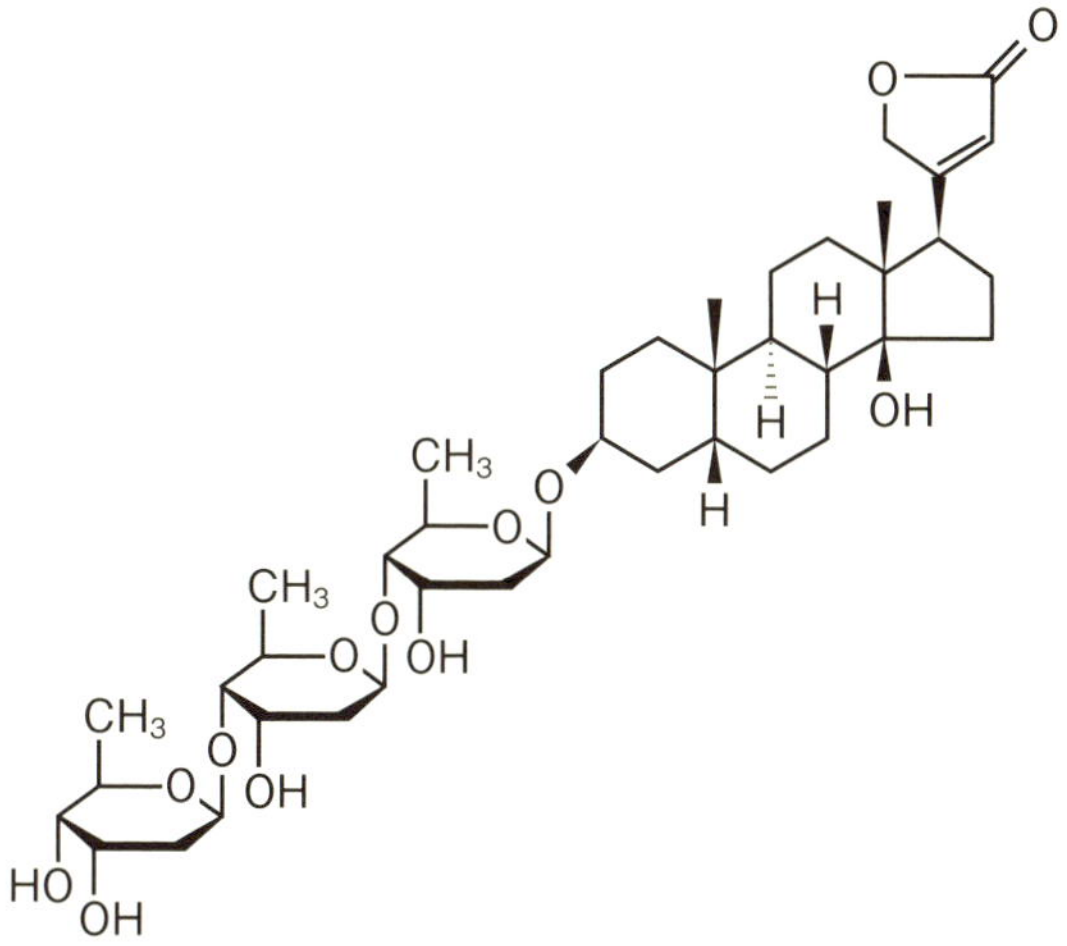

ブファリン

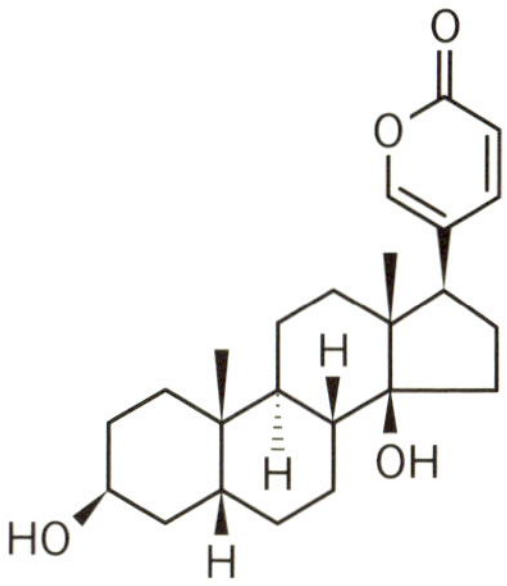

して使いやすいようです。

また、春を告げる花フクジュソウや、初夏の北海道の名花スズランも、ブファリンやジギトキシンと似た構造の化合物を含み、やはり強心作用がありますが、これらは薬として使われることはありません。

耳腺（または耳下腺）
ストレスに会うと、ここから
強い毒を分泌する。

25 ヘビ毒から高血圧の薬

ヘビは世界中に約3000種生息していて、その1割から2割程度が毒をもっています。毒ヘビの主な生息域は東南アジア、アフリカ、中南米などの熱帯地方なので、これらの国々では毒ヘビに咬まれる事故が多く、年間死亡者数は現在でも数万人に達するといわれています。そのためWHO（世界保健機関）では、毒ヘビ対策を重要課題の一つとして取り上げていますが、なかなか簡単には被害はなくならないようです。

1種類のヘビ毒にもペプチド・タンパク質を主とする多くの成分が含まれ、それらの共同作用の結果として毒性が現れます。薬理学的性質に基づいて出血毒と神経毒に大きく分けられ、マムシ、ハブなどは出血毒、インドのヘビ使いで有名なインドコブラやウミヘビは神経毒の代表格です。

南米に広く分布するボスロップス・ジャララカはマムシ、ハブの仲間で、ブラジルでのヘビ毒被害の90%を占める最も危険な毒ヘビです。どう猛で攻撃性が強く、出血性の毒をもつので、咬まれると非常に痛く、大量に出血して最後には腎臓機能不全などによって死亡する事故が今でも多発しています。被害甚大なため、このヘビ毒の研究はかなり古くから行われています。その中で興味深いのは、痛み・出血と同時に急激な血圧の低下が認められることで、これはテプロチドというペプチド成分が発揮する薬理作用であることがわかりました。

そうなると、この成分をうまく応用すれば血圧を下げる高血圧の薬にできるかもしれないと考えられます。実際、研究を進めてみると、テプロチドではうまくいかなかったのですが、それを素に合成したカプトプリルという化合物が、期待した血圧降下作用を示し、し

ボスロップス・ジャララカ

かも経口投与、すなわち飲み薬として効果があることがわかりました。

こうして危険きわまりないヘビ毒からは予想もできない高血圧の薬が開発され、世界中で広く使われるようになりました。高血圧は、メタボリックシンドロームの三大要素の一つで、これを放置すると心臓病などのリスクが高くなるので、薬などで適正にコントロールする必要があります。多くの人の命を奪うヘビ毒も、このように薬の素となって人の健康のために役だっています。

カプトプリル

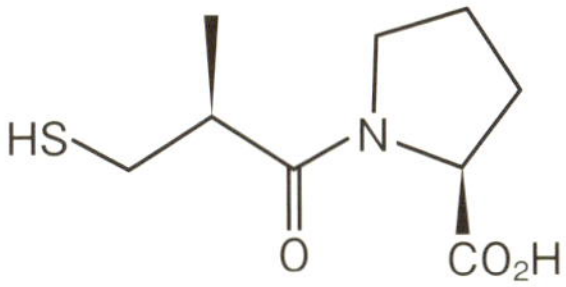

26 トカゲの毒から糖尿病の薬

「トカゲの毒から糖尿病の薬」というと、「風が吹けば桶屋が儲かる」と同じように、何がどうつながってそうなるのか首をかしげたくなってしまいます。また、糖尿病の薬はすでにいくつかあるにもかかわらず、予想もしないところからエキセナチドという新しい薬が開発され大いに注目されました。さらにこの薬は脳にも作用して空腹感を抑える働きもあることから、やせ薬としても話題になりました。

毒をもつトカゲは珍しく、世界でも2種類しかいません。その1種が、アメリカ南部からメキシコに生息するアメリカドクトカゲ（またはアメリカオオトカゲ）で、現地ではヒーラ・モンスターと呼ばれるものです。その唾液が毒性を示し、咬まれると激しい痛みと共に吐き気やめまいなどを感じますが、死に至ることは稀と言われています。この毒液（唾液）中にエキセンジンというペプチドが見つかり、これがそのままエキセナチドという糖尿病薬になったのです。

エキセンジンは、ヒトをはじめ哺乳類がもっている消化管ホルモンの一種GLP-1とアミノ酸配列で53%の相同性をもっています。GLP-1は血糖値をコントロールする作用をもつので、糖尿病の薬として開発が進められましたが、内因性ペプチド分解酵素であるジペプチジルペプチダーゼ（DPP-4）により血中ではすぐ分解されてしまうので、結局、薬にはなりませんでした。

一方、エキセンジンは、DPP-4が作用する部分の構造がGLP-1とは違うため作用が強く、薬として使えるようになったのです。しかも、インスリン分泌促進作用に加えて高血糖時におけるグルカゴン分泌抑制作用、胃内容物排泄遅延作用、体重減少作用など、

アメリカドクトカゲ

さまざまな優れた効果を示し、過度な高血糖状態を改善します。また、他の血糖降下作用物質とは違い、血糖値を下げすぎず、適正な値でとどまるという優れた面もあります。

アメリカドクトカゲにとってエキセンジンは、膵臓の働きを促すものとして備わっているようです。つまり、砂漠の地中に住むトカゲにとって餌となるネズミなどを捕まえるチャンスは少なく、何カ月も食べないで過ごすこともあります。ですから、餌が見つかって食べられる時は食べられるだけ食べる、つまり食いだめすることもあります。ところが、そうすると血糖値が上がってしまい身体に良くない。そこで、血糖値をコントロールするものをもっているということらしいのです。

唾液、すなわち毒液は、獲物を捕らえて食べるためにあるということを考えると実に合理的で、なぜ「トカゲの毒から糖尿病の薬」なのかがよくわかります。

27 イモ貝から強力な鎮痛薬

イモ貝と総称される巻き貝は、主に熱帯の海に棲み、その貝殻の模様の美しさから土産物や美術コレクションとして珍重されています。

しかし、「きれいな花には毒がある」のと似て、この貝は非常に強力な神経毒をもち、自分自身を敵から守ったり、獲物の魚やゴカイ類などを捕獲するのに利用しています。口吻という、ちょうど魚を獲る時の銛に似たような器官を相手に差し込むと、同時にその先から毒が注入され、瞬時に麻痺して身体が動かなくなってしまいます。積極的に人を襲うことはないのですが、ダイバーが誤って近づき過ぎて毒の餌食になることがあります。日本では、沖縄で時々そのような事故が報告されています。

イモ貝の毒の研究は、1980年代から世界中で競って行われ、今までに500種以上のペプチド性神経毒コノトキシン類が解明されています。それぞれ特有の薬理作用を示すのですが、中でもインド洋や太平洋に生息するヤキイモから得られたオメガ・コノトキシンは、モルヒネも効きにくい慢性疼痛を軽減する特徴があり、しかもモルヒネよりはるかに強力で、副作用もほとんどないことから、新しいタイプの鎮痛薬ジコノチドとして開発され、2005年、ついに実用化されました。

脊髄に直接注入しなければならないという若干使いにくい面がありますが、慢性の痛みに悩まされている患者さんたちには、まさに救いの神のようなものです。海洋生物から開発された最初の医薬品としても学術的に意義深いものでした。

ジコノチドの開発にあたって数百の合成誘導体が試されましたが、結局、天然のイモ貝がつくっている構

イモ貝の貝殻

造が最も良いものでした。ジコノチドに続けとばかりに、現在でもいくつかのコノトキシンが臨床試験にかけられ、近い将来、さらに新たなイモ貝由来の薬が出てくる可能性も大いにあります。

28 カイメンの細胞毒性物質から抗がん剤

日本は四方を海に囲まれているため、昔から海の生き物とは深いつながりをもって生活してきました。科学の世界でも例外ではなく、海洋天然物化学という海洋生物のもつ化学成分に関する研究分野は日本が得意とし、実際、多大な貢献をしています。フグ毒の構造研究がその良い例ですが、最近でも伊豆半島産のカイメン成分を素に、がんの薬エリブリンが開発され話題になりました。

カイメンの成分研究は世界中で活発に行われ、がん細胞に毒性を示す細胞毒性物質が多数見出されたことから、それらを素にした抗がん剤の開発を目指して盛んに研究されてきました。しかし、なかなか実際に薬になるものはなく、２０１０年に開発されたエリブリンが最初のものとなりました。

エリブリンの素となったのは、伊豆半島沿岸で比較的普通に見られるクロイソカイメンです。当時、静岡大学の上村大輔教授らが、ハリコンドリンと名付けた強力な細胞毒性物質をこのカイメンから見つけました。抗がん剤として非常に有望と思われたのですが、５０0kgの海綿から10mg程度とほんの少量しか得られず、とても治療薬として供給することはできません。そこで、ハーバード大学の岸義人教授と日本の製薬会社エーザイが、この複雑な構造の化合物の合成に挑戦しました。

このように複雑で大きな分子を合成するには、まずいくつかの部分をつくり、最後にそれをつなげて組み上げて行くのが効果的です。そこで右半分と左半分に分けて合成したのですが、その段階でそれぞれをテストしてみると、右半分だけでハリコンドリンそのものと同じぐらいの薬理効果があることがわかりました。

ハリコンドリン

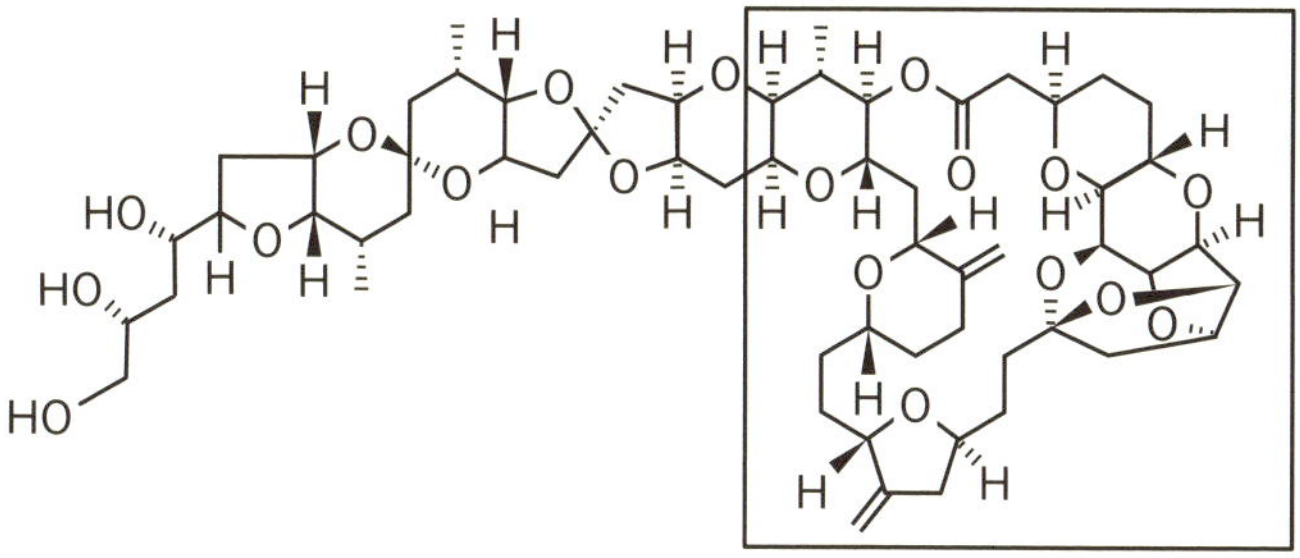

エリブリン

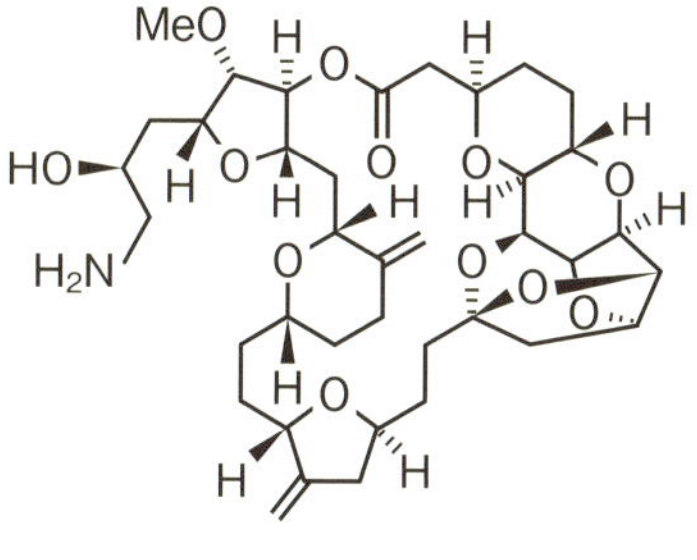

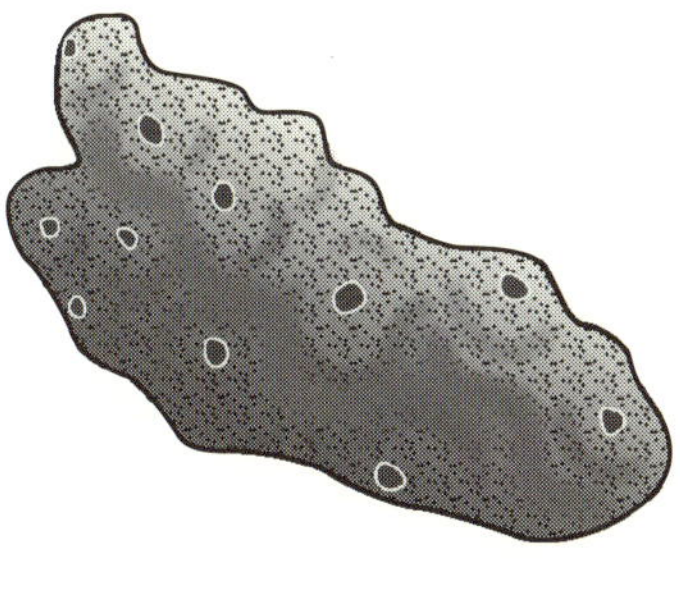

そうなると、薬として使うには右半分だけあればよいということになり、最終的にエリブリンが開発され乳がんなどの治療に使われています。

微量で複雑な成分の化学構造を決めること、また、それを合成するというレベルの高い基礎研究の結果が医薬品としての実用につながった非常に良い例となりました。

29 ハチ、クモ、サソリの毒と薬

ハチと言えば、〝刺される、痛い〟とすぐ連想されますが、それを利用した蜂針療法という民間療法があり、日本、中国、韓国だけでなく、ヨーロッパでもアピセラピーと呼ばれ、かなり利用されています。古代エジプトやバビロニアの時代からすでに行われ、4000年の歴史があります。蜂蜜をつくるお馴染みのセイヨウミツバチの針をピンセットで取り出すと、毒を貯める毒嚢が一緒についてくるので、針を身体のツボに刺すと毒液が注入されます。炎症を抑える、痛みの軽減など、多くの症状に有効といわれていますが、特にリウマチによく効くそうです。

ミツバチの毒は、〝ハチ毒カクテル〟ともいわれるペプチド・タンパク性の多種類の物質の混合物で、その共同作用として毒性を発揮します。蜂針療法も同じように神経系や免疫系などに複合的に作用することで効果を発揮するとされています。

サソリも毒をもつ怖い動物として有名です。その毒が薬になった例はありませんが、サソリそのものが漢方薬として使われています。全蝎《ぜんかつ》と呼ばれる中国に生息するキョクトウサソリの全身を乾燥したものです。抗痙攣、鎮静、降圧作用があり、脳卒中による半身不随、顔面麻痺などに効果があるとされています。キョクトウサソリの本場中国では、やはり全身を油で揚げたものを食用にもします。ちょうど小エビの唐揚げのような感じですが、薬膳といえるかもしれません。

すべてのクモが毒をもつことは意外に知られていません。とはいっても、ヒトに被害を与えるのは世界中でも数種のごく限られた種類で、それらが〝毒グモ〟と呼ばれているのです。クモ毒が薬になるかもしれないと注目されたのは、1980年代に行われた日本産

食用のキョクトウサソリ（中国済南市にて）

ジョロウグモの毒素 JSTX-3

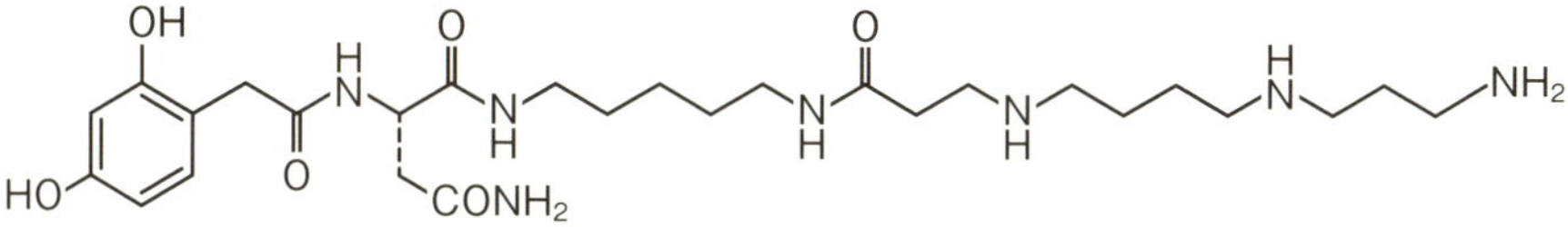

のジョロウグモの毒素の研究でした。

JSTX-3をはじめとしたアシルポリアミン毒素の構造が川合述史・自治医科大学教授、中嶋暉躬・東京大学教授らによって世界で初めて解明されました。しかも、これらクモ毒素は、哺乳動物の脳内の神経伝達を止める働きがあります。そこで、この毒素を素に、てんかん、認知症など脳神経系の薬に発展できないかと多くの製薬会社が取り組みましたが、残念ながら薬にはなりませんでした。

しかし、この研究が契機となってクモ毒が医薬品の有用な素材であることがわかり、その後、他の多くのクモ毒素が解明され、その中には現在臨床試験中のものも数種あります。近い将来、クモ毒を素にした薬が世に出ることが期待されています。

Column

カモノハシの毒

毒をもつ動物といえば、ヘビ、クモ、サソリ、ハチがすぐに頭に浮かびますが、哺乳動物にも毒をもつ種類があるということはあまり知られていません。実際、毒をもつ哺乳動物はわずかで、トガリネズミ、ソレノドン、カモノハシぐらいです。

カモノハシはオーストラリア東部の川や湖に棲息し、水かきのついた足とくちばしはアヒルのようで、尻尾はビーバー、胴体と毛皮はカワウソに似ているので、自然界で最も奇妙な動物といわれています。オスだけが後ろ足の爪から毒を分泌し、人が刺されると激しい痛みを感じますが、死に至るほどではありません。長い間、この毒の正体は不明でしたが、ごく最近、日本の科学者によって解明されました。

カモノハシの毒は数種のペプチドの混合物で、しかもその構造は、ディフェンシンという、ヒトをはじめとした多くの動物がもっている抗菌性ペプチドによく似たものでした。しかし、カモノハシ毒のディフェンシン様ペプチドは主に神経系に作用するのが他の動物のディフェンシンとは違うところです。

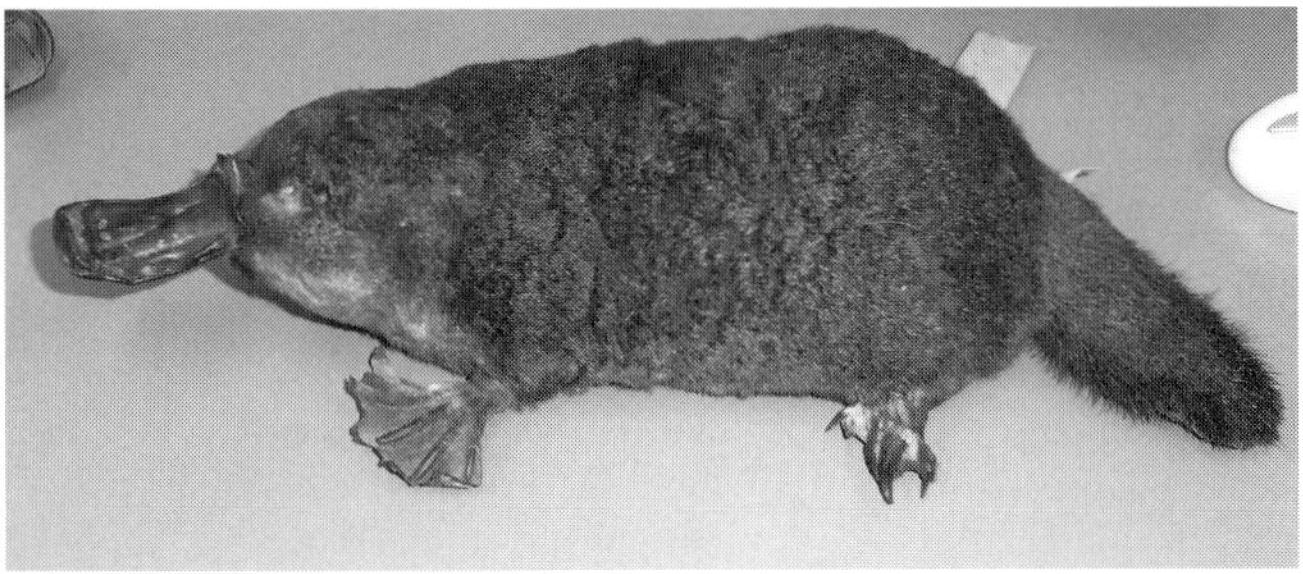

写真提供：川田伸一郎氏（国立科学博物館）

第5章
鉱物の毒と薬

30 漢方薬に用いられる鉱物

世界の伝統医学では、身の回りに存在する動植鉱物などを薬として病気の予防や疾病の治療に用いています。漢方医学では、石膏、竜骨、禹余糧《うよりょう》など数十種類の鉱物性生薬が使用されています。ここでは、これら3種の鉱物性生薬について紹介します。

石膏は天然の含水硫酸カルシウムで、組成はほぼ$CaSO_4 \cdot 2H_2O$です。石膏は体内に取り込まれると解熱作用を示します。漢方処方では白虎加人参湯《びゃっこかにんじんとう》などの処方に配合されています。白虎加人参湯が適用される人は体力中等度以上で、熱感と口渇が強い症状の人です。この熱感をとる目的でしばしば白虎加人参湯が使用されますが、長期連用は避けるべきです。また、身体に熱感のない人には使用してはいけません。

とかく漢方薬には副作用がないものと思われがちですが、薬ゆえに副作用も存在します。実際には患者の体質や症状などを診た上で、その人に合った薬を服用する必要があります。薬用には天然の石膏が用いられています。工業的に大量生産される石膏は、石膏ボードなどの建材に加工されて家の壁などに利用されています。

石膏を加熱すると、結晶水の一部を失った焼石膏（$CaSO_4 \cdot 1/2H_2O$）を生じます。この焼石膏は、水を加えてしばらく放置すると固まる性質をもっています。この特徴を活かして、骨折した際に患部を固定するギプスとして用いたり、芸術の分野で使用する彫像の作成に利用されています。石膏はさらに加熱すると、結晶水を失った硬石膏（$CaSO_4$）の粉末を生じます。この状態になると吸湿性を失います。これを型にはめて押し固めると、黒板に使用するチョークとして利用することができます。

中国の本草書『経史証類大観本草』に記載された各種鉱物性生薬

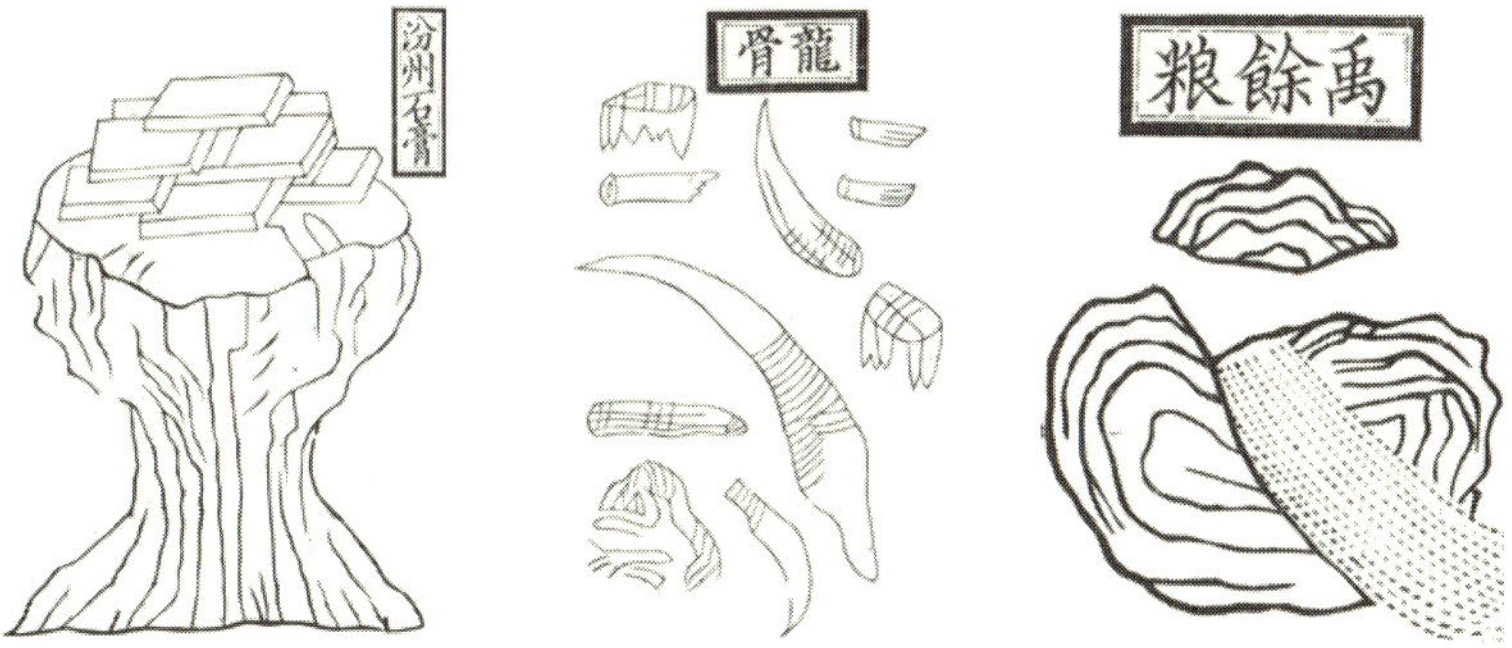

竜骨は大型哺乳動物の化石化した骨であり、有限資源といえます。成分は主として炭酸カルシウムとリン酸カルシウムからなり、その他に数種類の無機元素の存在が明らかになっています。漢方処方として利用される場合、桂枝加竜骨牡蛎湯《けいしかりゅうこつぼれいとう》や柴胡加竜骨牡蛎湯《さいこかりゅうこつぼれいとう》などに配合され、ヒステリー症状や精神不安を改善する目的で、カキの貝殻である牡蛎《ぼれい》と共に用いられることが多いです。カルシウムなどの無機元素という概念が発見される以前に薬物としての歴史が始まっています。

禹余糧は、饅頭石や鳴石と呼ばれる石の内部に存在しているリモナイト〔FeO(OH)〕と呼ばれる鉱物です。漢方処方として赤石脂禹余糧湯《しゃくせきしうよりょうとう》などに配合され、欬逆、煩満、大熱などに用いられます。

近年、世界ジオパークに認定された熊本県の阿蘇山の麓には広大なリモナイトの地層が堆積しています。リモナイトは現在、下水処理や湖水浄化、豚舎の環境改善、家畜排水処理、生ゴミ堆肥化などに利用されています。

31 不老不死の薬として使われていた水銀

日本では水銀というと、水俣病を連想する人がいるのではないでしょうか。四大公害の一つである水俣病では、有機水銀の一つであるメチル水銀が原因物質であることが知られています。メチル水銀によって引き起こされる水俣病は中毒性中枢神経疾患であり、その主な症状としては、四肢の感覚障害や運動失調、求心性の視野狭窄、手足の震えなどがあります。メチル水銀は無機水銀よりも毒性が強いことが知られています。

世界各地で行われている伝統医学では水銀が疾病の治療に使用されていますが、主として毒性の比較的少ない無機水銀を使用しています。しかしながら、過剰投与したり繰り返し利用することによって水銀は体内に蓄積されることから、水銀を直接身体に用いることは非常に危険です。

水銀は辰砂（別名「朱砂」。硫化水銀）を空気中で加熱すると容易に得られる重い液体金属です。水銀は揮発性であり、水銀の蒸気は強い毒性を示します。一方で、水銀は温度計、電極、水銀灯などにも用いられています。

中国では秦の始皇帝が不老不死の妙薬として水銀を自身の墓に使用していたとの逸話が残っています。実際に始皇帝の陵墓とされる場所の上部の土から高い濃度の水銀が検出されたとの報告もあり、この話の信憑性はかなり高いです。水銀は金属の単体の中で唯一、常温で液体です。常温で液体である金属は自由自在に形を変えることができ、また低温で蒸発してしまいます。このような特徴から、永遠の生命の存在を願うとともに、水銀の中に何か神秘的なものを感じ取っていたのかもしれません。

水銀は金と結合して低融点のアマルガム合金を作り

ます。仏像などに金箔を貼り付ける技術には水銀が使用されています。金と水銀の合金であるアマルガムを加熱すると、金に比べて低い温度で水銀は蒸発します。この性質を利用して仏像に金箔を張る作業が行われていました。以前の奈良の大仏には金箔が貼ってあったそうです。そのため大仏を製作したときは当然、大量の水銀も使用されており、蒸発した水銀によりその地域は汚染され、人々には水銀中毒の症状が現れたものと思われます。

現在、問題になってきているのは、海外で金を採掘している現場での水銀の使用法です。河川に流れ出た砂金を得るためにパンニング皿と呼ばれる円錐状の皿を用います。比重の違いを利用して水で余分な土砂を洗い流すと、皿の底に砂金が溜まる仕掛けです。この時に細かな砂金を効率よく集めるために水銀を使用して砂金とのアマルガム合金を作ります。金と水銀との合金を選択的に作製し、その後でアマルガム合金をさらに加熱することにより、沸点の低い水銀を蒸発させます。

この方法を用いると最終的に細かな砂金を集めることができ、塊となった金を得ることができます。しかしながら、この方法は金を容易に入手できますが、同時に周辺地域を水銀で汚染します。さらに河川にも大量の水銀が流れ込むことが予想され、近隣の住民や河川の下流で生活する人たちを水銀で汚染することになります。近年、河川近くの住民から水俣病に似た症状が報告されており、早急の対策が必要となっています。

『経史証類大観本草』に記載された「朱砂」および「丹砂」

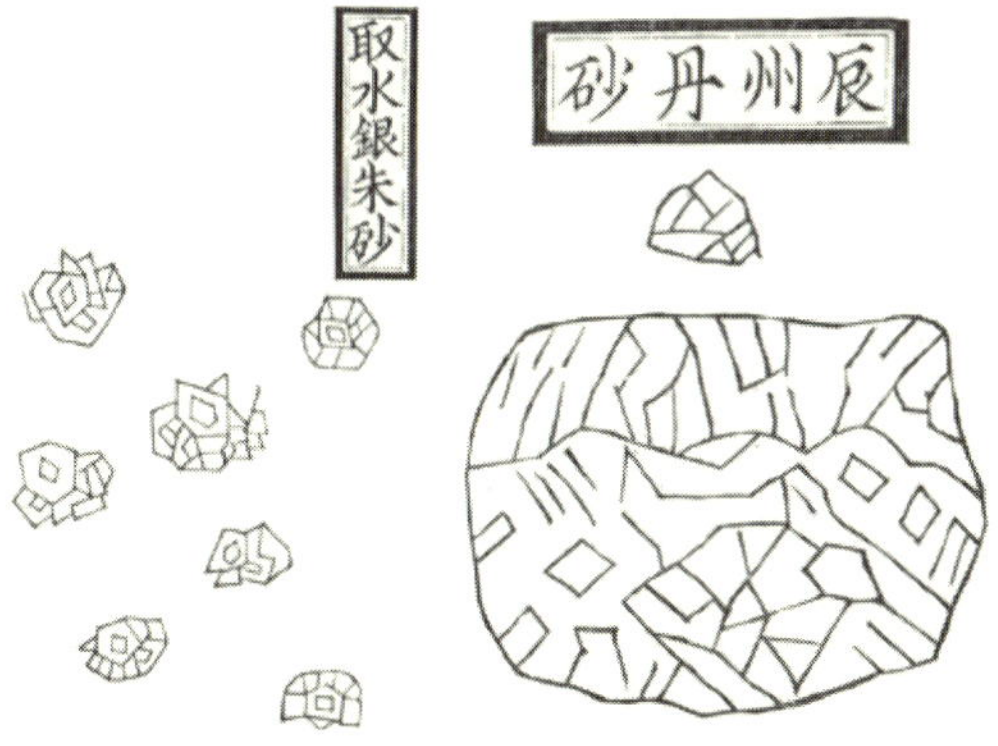

32 水銀問題で使用制限された赤チン

一昔前には、手や足をすりむいて傷ができると赤チンを塗って消毒、殺菌をしていました。赤チンは安価であったため日本の家庭でも広く普及しましたが、水銀が入っていたことから現在では使用が制限されています。赤チンは2％マーキュロクロム水溶液の通称で、メルブロミンという化合物の水溶液であり、有機水銀化合物であります。

赤チンの「チン」の意味は本来、チンキ剤を指します。チンキ剤とはアルコール製剤の意味ですが、実際の赤チンにはアルコールは含まれていないため、厳密には正しい言い方ではありません。赤チンと同様に消毒、殺菌の目的で使用される希ヨードチンキが茶色であり、これをヨウチンと呼んでいました。このヨウチンに対して赤チンと呼ばれるようになったのです。

赤チンには細菌発育抑制作用があります。局所刺激性が少ないため、創傷、皮膚粘膜の消毒に用いられてきましたが、殺菌作用はあまり強くはありません。日本では製造工程で水銀が発生するという理由から、1970年代に製造が中止されています。また、殺菌作用を表す際に水銀イオンが解離するといわれています。解離した水銀は皮膚を通過して体内に取り込まれる危険性があります。特に赤チンは傷口の消毒に使用されることから、体内に取り込まれる可能性は高いものと推測されます。

1990年代後半になって米国食品医薬品局（FDA）により、マーキュロクロムを使用することで水銀中毒を発生する危険性が指摘されました。これにより世界的にマーキュロクロムの使用を控える動きが加速しました。現在では、速効力と広い抗微生物スペクトルをもつ生体消毒薬であるポビドンヨードや、手術の際などに用いられる塩化ベンザルコニウムなど、水銀を含まない製剤が創傷や皮膚粘膜の消毒には使用されています。

一方、医療機関では、治療の必要がないような軽微な障害のことを「赤チン災害相当」と呼ぶことがあります。これは障害レベルが4段階の中で最も軽微とされるレベル1に相当します。障害レベルを表す言葉の中に、「赤チン」の言葉は今でも使用されています。

マーキュロクロム

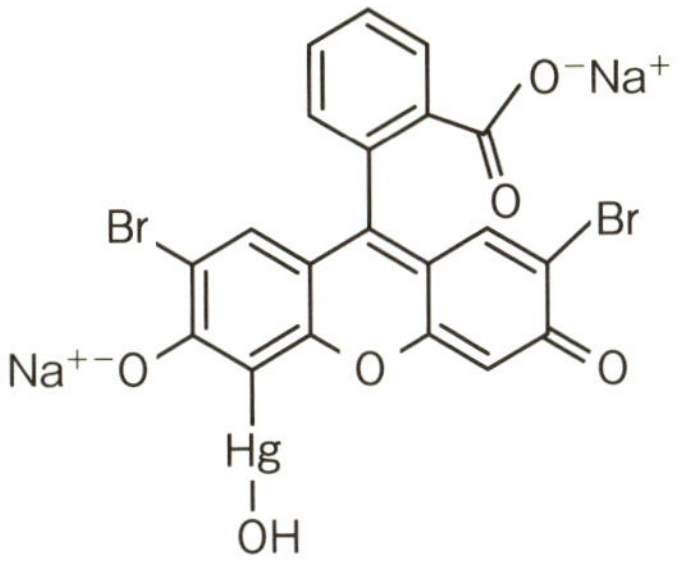

33 ヒ素も薬として使われていた

天然に産するヒ素（As）を含有する鉱物には、雄黄《ゆうおう》（別名「鶏冠石《けいかんせき》」：AsS）と雌黄《しおう》（別名「石黄《せきおう》」：As_2S_3）が知られています。中国医学の中で雄黄は一般に殺菌・解毒薬とされますが、実際に使用されることはごくごく稀であり、取り扱いには十分な注意が必要です。

雄黄の別名である鶏冠石という名は、その鮮やかな赤色が特徴で、樹脂光沢をもち、鶏のトサカのような紅色であることに由来します。しかし、鶏冠石を長時間、日光にさらすと赤色から黄色に変化してしまうことが知られています。鶏冠石自体は水に溶解しないため、毒性は少ないとされていますが、夾雑する他のヒ素化合物が存在することもあり、これらが溶解する可能性があることから十分な注意が必要です。

韓国の宮中ドラマの中ではヒ素化合物が登場することがあります。殺菌や解毒を目的とした治療に用いる場面もありますが、毒殺の場面でしばしば使用されています。この時使用されるヒ素は、共に硫黄の化合物です。毒殺の目的で料理や薬に微量のヒ素を混入したようです。一方で、料理の中にヒ素が存在しているかどうか察知する目的で銀の箸やさじなどが使用されています。もしヒ素が料理の中に混入していれば、銀（Ag）との間で硫化銀（AgS）が生成するため、銀色の箸やさじが黒色に変化します。これにより、口に入れる前にヒ素を検出することができます。

また、誤ってヒ素が含まれている食事や薬を口にしてしまいヒ素中毒死した死体の検死には、棒状の銀を口の中に入れることがあります。これは、死体の咽喉の部分にヒ素化合物が残存していないかどうかを確かめる方法です。ヒ素が使用されていた場合には銀の棒

『経史証類大観本草』に記載された「雄黄」および「雌黄」

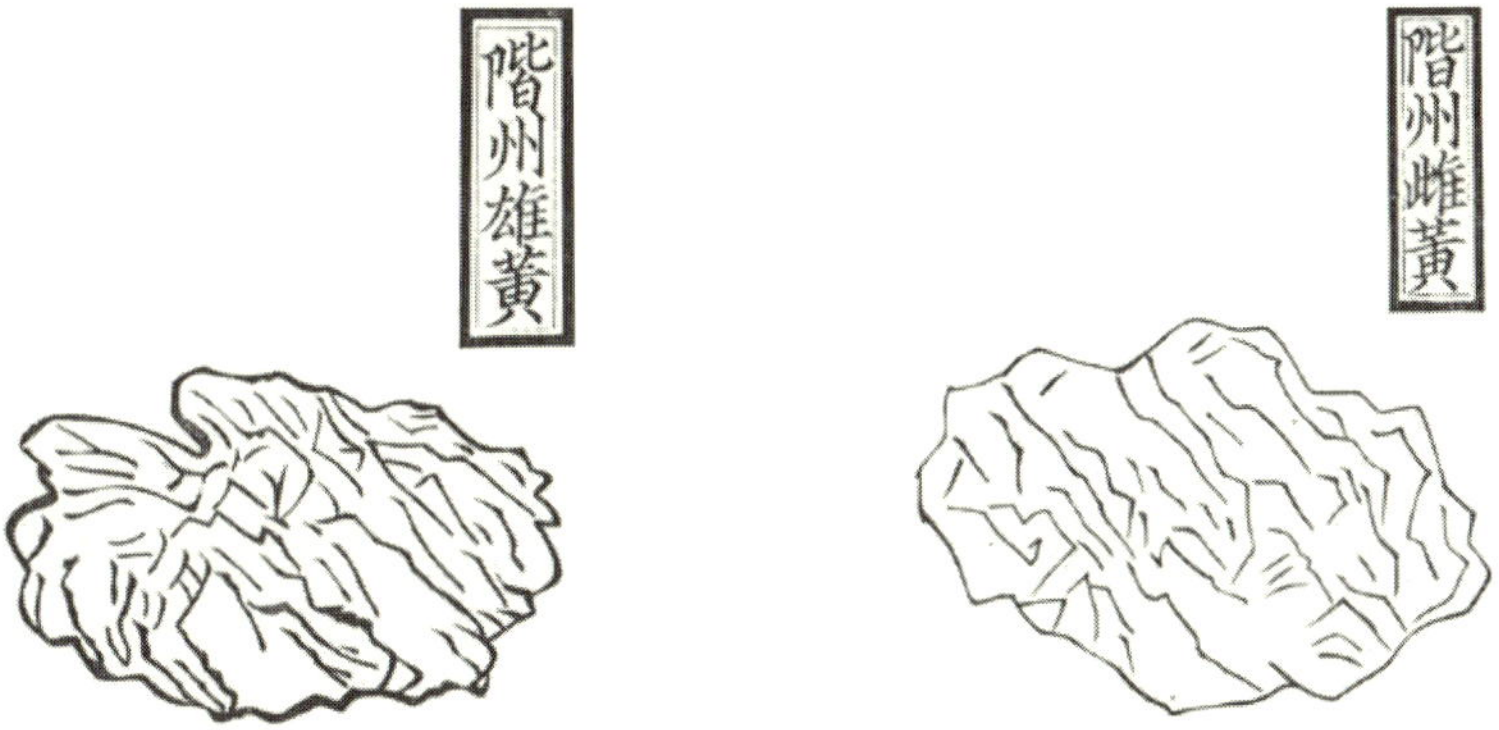

が黒く変色することから、ヒ素の検出が可能となります。

しかし、現代科学の見地からすると、実際にはヒ素ではなく、硫黄（S）を検出していることがわかります。そのため、必ずしもヒ素を直接検出できたわけではありません。硫黄を通じてヒ素を間接的に検出していたものと思われます。

34 セレンは有毒元素にして必須微量元素

セレン（Se）とその化合物（セレン酸ナトリウム、二酸化セレンなど）は、「毒物及び劇物指定令」によって毒物に指定されています。このことからもわかるように、セレンはかなり毒性の強い元素です。

動物における代表的なセレン中毒に、アメリカのネブラスカ州をはじめとするグレートプレイン地方でかつて多発したアルカリ病と暈倒病があります。いずれも致死性の中毒症で、慢性セレン中毒症であるアルカリ病は成長阻害や体毛の脱落などを特徴とし、暈倒病は急性セレン中毒の一種で、異常歩行動作や下痢などを特徴とします。これまでの研究から、家畜の場合、飼料中のセレン含量が３μg／g以下であればセレン中毒の発症はないとされています。

ヒトでの事例報告は少ないものの、ベネズエラではセレン過剰症の存在が知られており、この地域での研究からヒトのセレン摂取の上限は２８０μg／日程度とされています。

その一方でセレンは、ヒトの健康維持のために欠かせない必須微量元素の一つでもあります。セレンはビタミンEと同様に抗酸化の働きをします。

生体はその機能を発揮するために活性酸素を必要としていますが、活性酸素が増えすぎると、炎症、がん、動脈硬化などを引き起こし、老化や生活習慣病の原因となります。活性酸素が体内に過剰にある場合、抗酸化物質と呼ばれる数種類の物質が活性酸素の動きを阻止します。抗酸化物質が体内に十分にある時は、活性酸素の発生を抑制、または活性酸素を分解して酸化を防いでくれます。ストレスを常に感じている人や、紫外線を浴びている人、喫煙している人など、常に活性酸素が過剰にできてしまう状況下にある人は、セレンを抑制することが必要です。

　セレンを含むアミノ酸のセレノメチオニンとして体内に取り込まれ、これが活性種を消費し尽くすことによって抗酸化作用が生じるとこれまで考えられていましたが、セレノメチオニンから合成されるセレノネインが最近発見され、この化合物が抗酸化作用を行っていることがわかりました。

　セレンは、生活習慣病の予防、精子の活性化、女性ホルモンのバランスを整えて更年期障害や生理不順の改善、脳血栓や心筋梗塞の予防などの効能が期待され、がん、認知症、高血圧症、免疫不全症などの治療薬やサプリメントとしても使われています。原子状セレンおよび無機セレン化合物の中では亜セレン酸が最も活性が高いので使われています。

　健康上の必要量と中毒発生量の差が小さいのがセレンの大きな特徴です。

必須微量元素とその欠乏症

欠乏症	元　素
がん	セレン、亜鉛
認知症	セレン、クロム、亜鉛
高血圧	セレン、銅、亜鉛
免疫不全	亜鉛、銅、セレン、鉄
心筋梗塞	セレン

セレノメチオニン

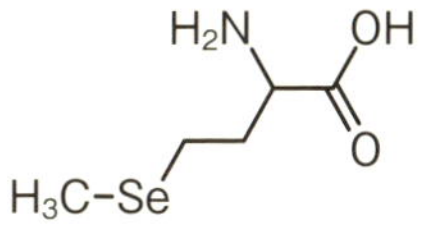

セレノネイン

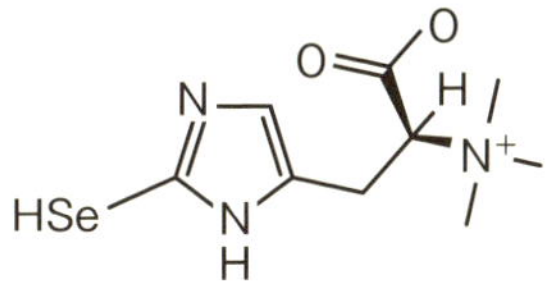

亜セレン酸

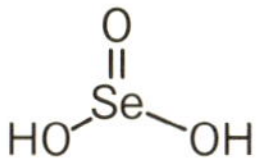

Column

中国の文人を虜にした鉱物性薬物

中国では歴史上、アヘンのように中毒症状を起こした処方が存在していました。それは「紫石寒食散《しせきかんしょくさん》」(別名「五石散《ごせきさん》」)という処方で、紫石英、白石英、赤石脂、鍾乳石、太一禹余糧などの鉱物性生薬の他に附子、桂皮などの植物性生薬を配合しています。

服用に当たっては、この薬は、温かい酒を用いて服用するのが通例となっていました。服用した後は温かいものを食してはならない決まりがあり、冷たいものしか食べてはいけないので「寒食散」と呼ばれました。この指示通りにしないと激しい副作用に悩まされることになりました。貴族、学者、文人、僧侶など多くの人たちが服用しましたが、服用後には後悔の言葉しか残っていません。書聖として知られる王羲之もその1人でした。彼は熱烈な道教の信者であったため、神仙を求めるべく寒食散を服用しました。あたかも永遠の生を得たかのように思われましたが、その代わりにひどい副作用にさいなまれました。

この薬を服用すると、あらゆる病気が治ったかのように錯覚し、心も洗われた気分になると信じられていました。しかし実際には、強烈な幻覚症状に由来する副作用であったようです。幻覚の中で、あたかも自分は元気になったと感じていたに過ぎないようです。

このように一時的な快楽を得ることができましたが、その代わりに後でやってくる中毒症状は非常に強烈なものでありました。後遺症として、ノイローゼになったり、半身不随になったり、自殺未遂を行ったりと散々だったようです。実際は、幻覚の中ですべてを失ってしまったようです。

第6章
化学合成の毒と薬

35 化学合成薬の副作用で起こった薬害事件

1950年頃から多くの化学医薬品が利用されるようになり、これによって多くの疾病が治るようになりました。その一方で、短期間で開発・生産された医薬品には安全性の試験が十分されていないものもあり、副作用による薬害事件も多く発生しています。

1951年、点眼薬のグアノフラシンを目に滴下した人に目の周りが白くなる白斑が生じたため、厚生省はグアノフラシンを販売禁止としました。これが医薬品の販売禁止の第1号です。

1960年代になると、サリドマイド、キノホルム、アンプル入り風邪薬、および1970年代にはクロロキンの薬害事件が起こりました。

1980年代には、エイズのウイルスが生存している血液製剤による薬害事件が起こりました。加熱してウイルスを不活性化しなかった血液凝固因子製剤を血友病患者へ輸血する血液に使用したためエイズに感染して多数の死者が出ました。国と製薬会社を相手に長期間裁判が行われ、1996年に和解が成立しました。

1990年代にはスティーブンス・ジョンソン症候群（抗てんかん薬などで起こる皮膚の壊死や失明の症状）、ライ症候群（子供の風邪に解熱鎮痛剤を投与すると起こる脳症）、ワクチン禍（予防接種で起こる副作用）の3件の薬害事件が起こりましたが、まだ解決には至っていません。

2000年代には、経口血糖降下薬・抗炎症薬トログリタゾンによる肝障害、内服抗がん剤ゲフィチニブによる間質性肺炎などの薬害事件が起きています。

薬害によって被害を受けた患者に対しては医薬品副作用被害救済制度があり、患者の救済を行うことになっています。

主な薬害事件

年　代	事　項	内　　容
1951年	グアノフラシン白斑	フラシンの一種で抗菌物質。目薬に使用し周りに白斑が生じる報告が多く、1951年、厚生省が禁止した。
1961年〜1973年	サリドマイド	睡眠鎮静薬。妊婦が服用した場合にサリドマイド胎芽症の新生児が生まれた。薬害「サリドマイド禍」として世界規模の問題となった。
1960年代	キノホルム	整腸剤。服用者に骨髄炎・末梢神経障害のため下肢対麻痺に陥る例（スモン）が多発した。
1960年代	アンプル入り風邪薬	解熱鎮痛剤のピリン系製剤を水溶液にして飲用する形態の大衆薬製品群。その組成上、血中濃度が急激に上昇し30人以上がショック死した。
1970年代	クロロキン	抗マラリア薬。長期服用により視野が狭くなるクロロキン網膜症になる。マラリア以外にリウマチや腎炎に対する効能が追加されたために被害を拡大した。
1989年〜1996年	エイズ薬害	非加熱血液凝固因子製剤による薬害。血友病の治療に用いる血液製剤がウイルスで汚染されている恐れがあるという指摘が無視され、多くのHIV感染者を出した。
1993年	ソリブジン	ヘルペスウイルス属に有効な抗ウイルス薬。フルオロウラシル系抗がん剤の代謝を抑制し、骨髄抑制などの重篤な副作用を増強した。
1996年〜2001年	薬害ヤコブ病事件	伝達性海面状脳症に汚染された疑いのあるヒト乾燥硬膜の移植による薬害。
1987年〜2007年	フィブリノゲン	止血目的で投与された血液製剤（血液凝固因子製剤すなわちフィブリノゲン製剤、非加熱代Ⅸ因子製剤）によるC型肝炎（非A非B型肝炎）の感染被害。
1990年代	スティーブンス・ジョンソン症候群	全身麻酔や抗生物質、解熱鎮痛剤、利尿剤、降圧剤、抗てんかん薬などにより皮膚が壊死、失明の猛烈な症状。発症のメカニズムが不明のため対策が立てにくい。
1990年代〜	ライ症候群	インフルエンザなどにより高熱を呈する小児に対して、サルチル酸やスルピリン・ジクロフェナクナトリウムなどの解熱鎮痛剤（大衆薬含む）を投与したことで脳症を発症し、後遺障害が発生する症状。
1990年代〜	ワクチン禍	ワクチンの予防接種により、副作用が発症。予防接種の種類は、インフルエンザワクチン、百日咳・ジフテリア二種混合ワクチン、百日咳・ジフテリア・破傷風三種混合ワクチン、種痘、日本脳炎ワクチン、ポリオ生ワクチン、百日咳ワクチン、腸チフス・バラチフスワクチンなど。

36

世界規模の薬害事件を起こしたサリドマイドが難病治療薬に

サリドマイドは、1957年に催眠鎮静薬「コンテルガン」として西ドイツで開発・発売され、日本では睡眠薬「イソミン」として1958年に発売されました。その後、神経性胃炎の薬「プロバンM」として妊婦にも調剤されました。

サリマイド薬剤を使用した妊婦が四肢奇形児を生んだ例が多数発症し、1961年にハンブルグ大学のレッツ博士は西ドイツの小児科学会で、アザラシ状奇形児の原因はサリドマイドであると発表しました。レッツ博士は発表の前にサリドマイドを発売している会社に警告を出しましたが、会社はそのようなことはないと否定しました。学会での発表によって製薬会社は西ドイツ国内のサリドマイドの回収を始め、他のヨーロッパ諸国でもサイドマイドが回収されました。日本には西ドイツの製薬会社から回収の勧告文が届き、製薬会社と厚生省はレッツ警告を検討しましたが、回収せずに販売を継続することになりました。

1962年、アメリカのタイムス誌がサリドマイド被害を報告し、日本の新聞でもヨーロッパのサリドマイド被害の実情が報道されたことから、日本の製薬会社は出荷停止に踏み切りました。同年、医学雑誌『ランセット』で日本の発症例が発表され、これを受けて日本国内の在庫の回収が始まりました。被害を受けた人たちは、製薬会社とサリマイドの販売を許可した国の責任を裁判に訴え、10年越しの裁判を経て1974年に和解が成立しました。

全世界でのサリドマイドによる被害者は約3900人、30%が死産だとされているので、総数はおよそ5800人と推定されています。

サリドマイドの催奇形の原因は、その後の研究で光

サリドマイド

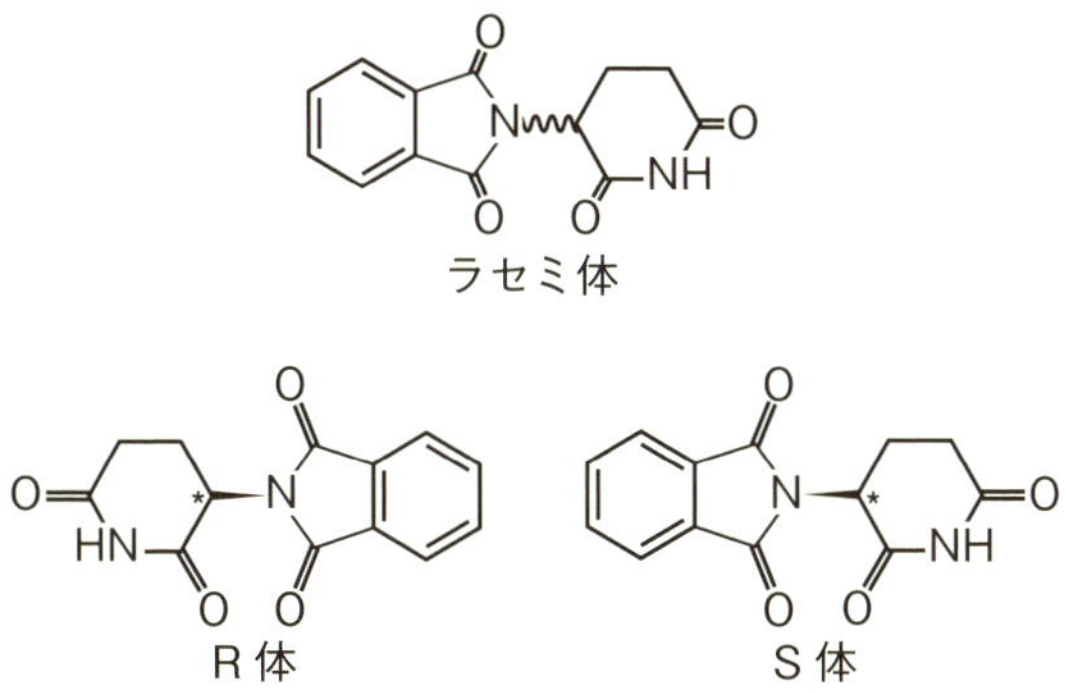

学異性体のS体であることがわかりました。

サリドマイドは、右旋性（＋）をもつS体の光学異性体と左旋性（－）をもつR体の光学異性体が等量で混合したラセミ体です。サリドマイドが開発された当時は、このラセミ体を分離することができませんでしたが、その後、ラセミ体を分割する技術が開発されて、サリドマイドのR体には催奇性はないがS体は非常に高い催奇性をもつことが1979年にわかりました。

その一方で、1964年にはサリドマイドがハンセン病患者に多発する難治性の皮膚炎の痛みに効果が高いことが確かめられました。1998年、アメリカ食品医薬品局（FDA）は、ハンセン病治療薬としてサリドマイドの販売を許可しました。

その後、1994年に血管新生抑制作用があるとの仮説が提唱され、1999年に骨髄がんへの臨床試験が行われ効果が認められました。日本でも2008年に「再発または難治性の多発性骨髄腫」の治療薬として再承認されました。また、がんの悪液質やエイズや炎症性疾患への疫学的な効果も報告されています。

37 キノホルムによるスモン病で薬事法が大改正

キノホルムは、スイスのバーゼル社（現在のチバガイギー社）が外用消毒薬として開発し、日本では戦前からアメーバ赤痢治療薬として使用されていました。その当時は生産量も少なかったのですが、戦後は胃腸薬、整腸薬、栄養剤としても適応が拡大され186種類が販売されていました。この薬剤を服用した人に神経障害者が多数発生しました。

１９５５年代から視神経、脊髄、末梢神経が侵される原因不明の病気が多数発生しました。この病気は、激しい腹部症状に続いて、脚にしびれ感、脱力、起立・歩行の不安定な症状が起こります。この症状は亜急性脊髄・視神経・末梢神経障害の英名からスモン（Subacute Myelo–Optico Neuropathy）と呼ばれています。１９６８年代後半までこの病気はさらに増加しました。

スモン病の患者の便は緑色になることから、１９７０年に日本の薬学者が便の分析を行いましたが原因を解明できませんでした。糞便は夾雑物が多いので尿なら分析ができそうだと判断して、尿が緑色のスモン患者を探し出し分析した結果、緑色の尿からキノホルムが検出されました。キノホルムは鉄と反応すると緑色になることから、この結果を聞いた中央薬事審議会会長の石館守三・国立衛生試験所所長はキノホルムがスモンの原因であると結論づけました。

翌71年にキノホルムの販売・使用が中止されました。１９７２年までに全国で約1万名のスモンの患者が確認されています。

スモン患者による訴訟は、１９７１年に国と製薬企業を被告として東京地裁に提訴されたのを皮切りに、全国27地裁に広がりました。全国９つの裁判所で原告勝訴の判決が相次いで出され、１９７９年に原告団と国・製薬企業との間で和解が成立しました。

スモン事件を契機として１９７９年に薬事法の大改正が行われました。薬事法の目的として医薬品の有効性・安全性の確保が明記され、承認時の有効性・有用性審査、医薬品の再評価、副作用報告といった、サリドマイド事件を契機として行政指導で行われてきた制度が薬事法上の制度として整備されました。さらに、医薬品を承認するための臨床治験に関する規定の整備、再審査制度の導入、承認取消権や販売停止・回収等被害防止措置の命令権といった行政の権限に関する規定の新設など、現在の薬事制度の基礎はこの改正で整えられたといえます。

また、長く苦しい訴訟を戦かったスモン訴訟の原告たちによる「被害者が訴訟をしなくても救済される仕組み」を求めた運動が、医薬品副作用被害救済制度の創設に結実しました。

このスモン事件が契機となってキノホルムの代替として生薬の大黄が注目されるようになりました。大黄の国内栽培を行うため、東京大学の野辺山農場の保存種から新種苗シンシュウダイオウが育種され栽培に成功しました。これ以降、多くの漢方薬が日本薬局方に収載されるようになり、漢方薬が復権するきっかけともなりました。

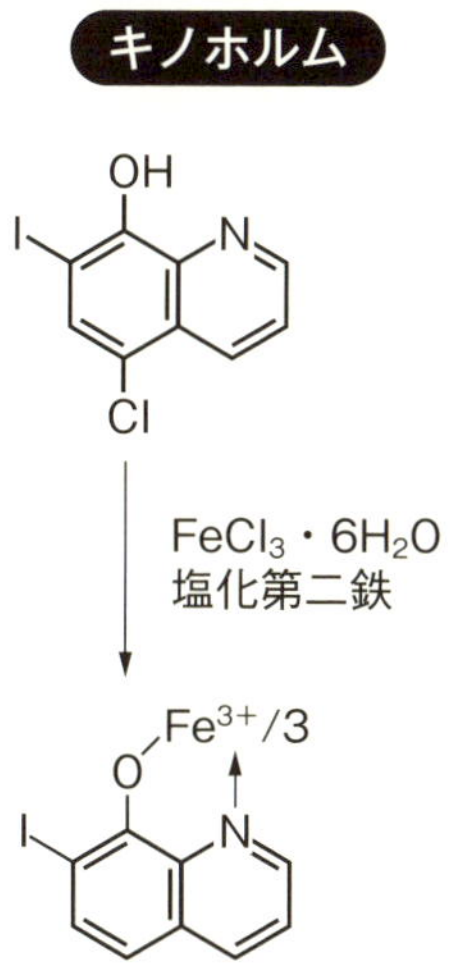

キノホルムが塩化第二鉄と反応して合成された
キノホルム鉄キレートは緑色になる

38 網膜症の原因となったクロロキンの類似化合物が膠原病の薬に

クロロキンはマラリアの特効薬として太平洋戦争末期にアメリカ軍が使用していた薬でした。１９３４年にドイツで最初に合成されましたが、毒性の強さからドイツでは実用化は断念されました。しかし、１９４３年にアメリカでも独自に開発され、抗マラリア薬として発売されました。現在ではクロロキンに耐性をもつマラリア原虫が出現しているので、クロロキン単独で用いることはあまりなく、他の薬剤と併用されることが多いです。

日本では１９５５年頃からクロロキンが使用されましたが、１９５８年に適応症が腎炎に拡大され、さらに１９６１年には慢性腎炎の特効薬として大量に販売されました。

１９５９年に、腎臓病患者を中心にクロロキン網膜症という重い副作用が報告されました。これは、クロロキンの長期投与により眼底黄斑に障害が生じ、網膜血管が細くなり視野が狭くなってしまうという症状です。クロロキン網膜症には治療法がなく、クロロキンの服用を中止しても視覚障害が進行します。日本でのクロロキン網膜症患者は１０００人以上に及びました。クロロキンを慢性腎炎に適用したのは日本だけであり、したがってクロロキン製剤による薬害事件が生じたのは日本だけでした。

１９７１年に被害者の１人が厚生大臣に直訴し、それを新聞が報道したことによって、初めてクロロキンの薬害が社会問題として知られるようになり、「クロロキン被害者の会」が結成されました。その後の世論の盛り上がりによって１９７４年にクロロキンは製造中止になりました。

クロロキンに類似した化合物にヒドロキシクロロキ

ヒドロキシクロロキン

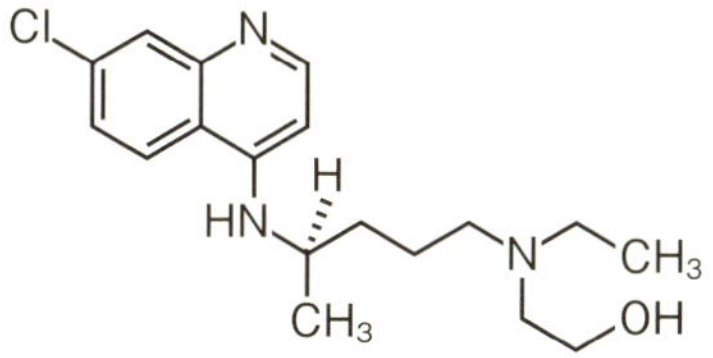

クロロキン

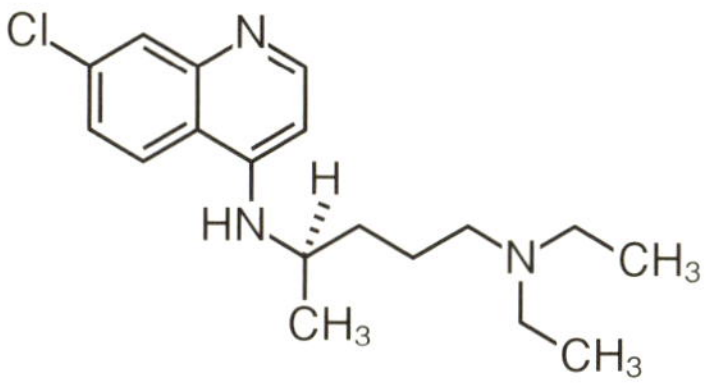

ンがあります。この化合物が、治療薬の少ない膠原病に有効であることがわかりました。ヒドロキシクロロキンは、全身性エリテマトーデスや他の膠原病の皮膚症状、関節症状をはじめとしてさまざまな病態の治療に用いられます。ヒドロキシクロロキンは比較的活動性の低い関節リウマチに対して単独で用いられます。または、他の抗リウマチ薬とともに活動性の高い関節リウマチに対して用いられます。

ヒドロキシクロロキンは副作用の非常に少ない薬です。副作用は吐き気と下痢ですが、内服しているうちに改善することも多く、またヒドロキシクロロキンを食事と一緒に摂ることで改善することもあります。ときには筋力の低下、皮疹、皮膚色素沈着、毛髪の色の変化や毛髪が細くなることも認められます。まれに貧血が出現することもあります。また、視力の低下や失明が起こり得ることも報告されていますので、ヒドロキシクロロキンの服用に際しては副作用の早期発見のため眼科医による定期的な検査が必要です。

39 効能効果も副作用も多いステロイド剤

ステロイドには、天然に存在するものと化学合成されたものがあります。天然のステロイドはほとんどの生物の生体内で生合成され、中性脂質やタンパク質、糖類とともに細胞膜の重要な構成成分となっているほか、胆汁に含まれる胆汁酸や生体維持に重要なホルモン類（副腎皮質ホルモンや昆虫の変態ホルモンなど）として幅広く機能しています。

人体のステロイドは腎臓の上部にある副腎の外側の部分の皮質といわれるところで作られます。そのため、副腎皮質ホルモンとも呼ばれています。普通の状態でも常に体内で作られ、体に対するいろいろなストレスに対処するなど生きていく上でとても重要な働きがあります。このホルモンのうち、糖質コルチコイドという成分を化学合成したものがステロイド剤として治療に用いられます。炎症を鎮める、免疫を抑制するなどの効能効果がありますが、その一方でいろいろな副作用の起きやすい薬でもあります。

ステロイド剤には効果時間に長短があります。効果時間とは、ステロイド剤が血液中に有効に残留している時間です。一般に効果時間が長いものは副作用も出やすいといわれています。

ステロイド剤の使用方法には、内服、注射、点眼、吸入および外用薬などがあります。

代表的な内服での副作用は、大量投与で現われるものとして、感染しやすい（免疫抑制）、糖尿病、胃潰瘍、精神症状およびムーンフェイス・中心性肥満がありま す。長期投与で現われるものには、副腎機能の低下、骨粗鬆症、高脂血症・高血圧、筋力低下・筋肉痛および白内障・緑内障があります。

外用剤の副作用は、皮膚の菲薄化と毛細血管拡張で

ステロイドの薬理作用

免疫抑制作用	サイトカインの増加と減少、抗体産性に関与、細胞性免疫の抑制。リンパ節重量減少。
抗炎症作用	白血球遊走阻止。血管透過性低下。炎症性サイトカイン抑制。肉芽腫形成低下。
糖代謝	末梢組織の糖利用低下。肝臓での糖新生増加。グリコーゲン合成増加。耐糖能力低下。
タンパク代謝	末梢でのタンパク同化の低下。肝臓酵素誘導。血清と尿のアミノ酸、クレアチチニン、尿酸排泄増加。
脂質代謝	血中脂肪酸上昇。ケトン体上昇。プロスタグランジンE合成酵素低下。ホスホリパーゼA2の低下。
電解質代謝	血清ナトリウム上昇。血清カリウム低下。アルカローシス傾向。
血液への作用	総白血球数増加。好酸球、好塩基球、リンパ球減少。赤血球増加。好中球増加。血清タンパクの上昇。
神経系への作用	中枢神経興奮。鬱状態悪化。味覚と嗅覚低下。
循環器への作用	心筋収縮力増強。心拍数増加。血管収縮増強。
消化器への作用	胃液分泌増加。
内分泌系への作用	インスリン分泌増加。成長ホルモン、甲状腺刺激ホルモンなど低下。
結合組織への作用	皮膚軟骨のコラーゲンとムコ多糖類合成低下。

す。これは、ステロイドにはアレルギーを抑える代わりに皮膚の細胞増生も抑えてしまう働きもあるからです。必要以上に強いものを長期に使っていると皮膚細胞の増殖が抑制されて皮膚が薄くなってきます。また、皮膚が薄くなるため皮下血管が透過され毛細血管が浮き上がってみえるようになります。これらの症状は、顔面では頬部、体では前胸部、肘部、指先などで生じやすく、長期にステロイド剤を使う場合にはこれらの部位に副作用が出やすい傾向があります。

もう一つは、皮膚表面の免疫系の働きも抑えるので、にきび、ヘルペス、カンジダなど感染症に弱いことです。顔面は皮脂腺も多く、毛穴が化膿しやすい体質があるのでステロイドが合いにくい場合もあります。また、ヘルペス感染症や乳児のカンジダ症などで誤ってステロイド剤を塗ると、免疫が抑え込まれ、症状が悪化する恐れがあります。

ステロイド外用剤は強さのランクが5段階あり、部位・皮疹の重症度に合わせて使い分ける必要があります。副作用も強いものほど注意が必要です。

Column

農薬が起こした中毒事件

人にはあまり毒作用を示さず有害な昆虫や植物には毒作用を示す化学物質が農薬として利用されますが、農薬による中毒事件もこれまでに起こっています。

1944年にドイツで開発された有機リン剤のパラチオンは、日本では戦後、果樹害虫の防除のために導入され急速に普及しましたが、これによる中毒事故や殺人事件の発生が相次ぎ社会問題となりました。

パラチオンは、重要な酵素であるアセチルコリンエステラーゼの働きを阻害することにより神経系を撹乱します。皮膚や粘膜から、また経口摂取によっても吸収され、頭痛、痙攣、視覚異常、嘔吐、腹痛、激しい下痢、意識喪失、震え、呼吸困難、そして肺浮腫および呼吸停止などの症状を起こします。これらの症状は長く続くことが知られており、時には数カ月にも及ぶこともあります。

パラチオン中毒は、早期に発見して解毒剤や人工呼吸などの処置を施せば致死率は高くありませんが、1960年に熊本市でパラチオンにより3名が毒殺され、1961年には広島県でパラチオンの入ったどら焼きを食べた女児が死亡しました。

これらの事件を受けてパラチオンは1971年に「毒物及び劇物取締法」の特定毒物に指定され一般での使用が禁止されました。そして、有機リン剤の低毒性化の研究が進められ、マラソン、ダイアノジンなどの低毒化された有機リン剤が農薬として利用されるようになりました。

2007年に中国製の冷凍ギョウザによる食中毒事件が起きました。原因となった冷凍ギョウザを検査したところ、いろいろな農薬が検出されましたが、その一つが日本では禁止されているパラチオンでした。

第7章
「くすり」と薬物乱用

40 薬物乱用はなぜ規制しなければならないか

ある日の通勤電車で、「薬剤師は薬を飲まない」という本の広告を見ながら白髪の夫婦が、「やっとこういうことを言える時代がきたのね」という会話をしているのが聞こえてきました。薬には副作用や目的外の作用もあるという薬に対する意識の変化を感じました。

一般的には、薬という場合、病気の治療のためと考え、素直に医師や医療関係者の指示に従い服用する人が多いと思います。また近年、「危険ドラッグを吸って……」とか「薬物依存の恐ろしさ……」というニュースを見聞きします。「薬」、「薬物」、「ドラッグ」という言葉が微妙に異なる意味で使用されています。本章では、「薬物」とは、乱用により精神活動の異常（興奮・妄想・幻覚）や運動障害が生じ、社会的な害である犯罪行為の誘発につながる化学物質とし、「ドラッグ」は「薬物」のカタカナ語とします。

乱用され問題になっている「薬物」の中には、医療用の薬として病気の治療に役立っているものもあります。薬は、あくまで病気を治療するときに用いるものですが、人間が自分の体を健全に維持するため体内で作り出すタンパク質やホルモンなどとは違って、正常な体にとっては「異物」です。人の体は、異物が入ってくると体から追い出そうとします。しかし、一度に多量または短い時間に何回も体の中に「異物」が入ってくると追い出しきれず、体の正常な状態が崩れ、治療目的外の望ましくない作用が強く現れます。

例えば、覚醒剤の代用品として乱用され問題となった向精神薬リタリン（メチルフェニデート製剤）は、うつ状態にある人が適切な量、適切な間隔で飲んでいれば、覚醒、気分高揚、意欲増進作用で症状は改善され薬として役立ちます。しかし、リタリンを多く服用

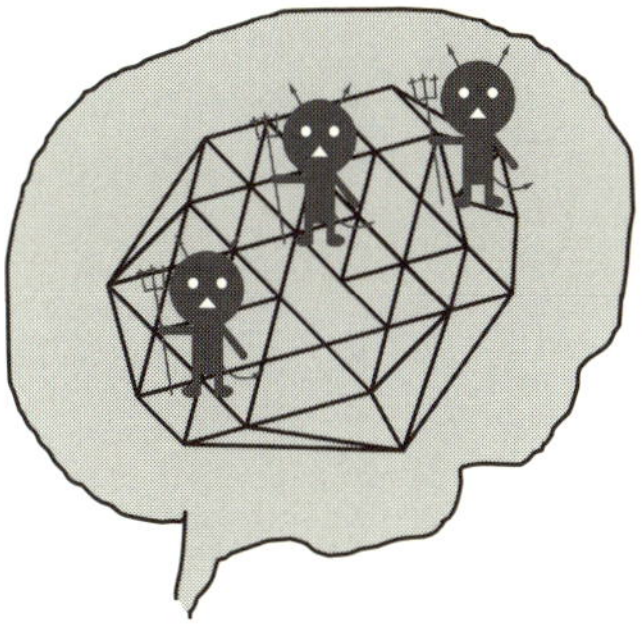

正常な脳内神経連絡網

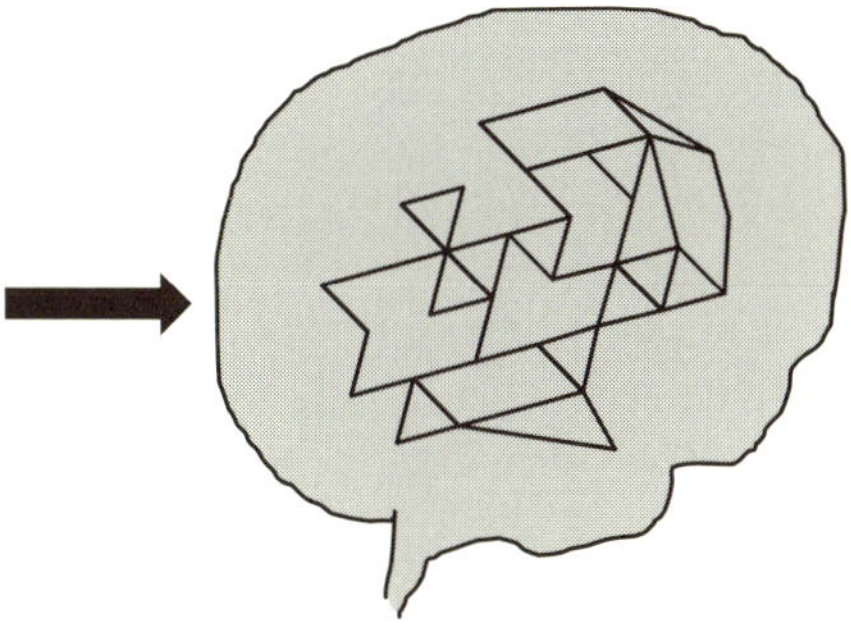

薬物で破壊された
神経連絡網

すると、多幸感、万能感、爽快感といった作用が現れます。このような治療目的以外の作用を求めると、適切な量ではその効果が得られず、服用量を増やし依存状態に陥っていきます。病気になったときに役立つ薬も、使用量や使用方法を間違えると有害な「薬物」になります。現在、日本でリタリンはADHD（注意欠如多動性障害）の治療のみに使用が限定されています。

さまざまな病気に対する医薬品の開発を目的に多種類の化学物質が合成され、有効なものが薬として利用されてきました。薬とならなかった精神活動に影響を及ぼす化学物質からヒントを得て、不当な利益を得るために利用されている化学物質が最近増えています。2014年7月に「危険ドラッグ」という名称で注意が喚起された化学物質です。

このような化学物質は医療用の薬とは異なり、人での安全性や作用の程度は未知のまま、化学構造からより強力な精神作用のあると予測される新物質が次々販売され、「さじ加減」もわからないまま乱用され、社会的な害が発生しています。古典的な薬物であるコカインやモルヒネ、大麻、覚醒剤などは長い間の乱用の歴史があり、ある意味では、人体への悪影響について、多くの知見が得られ、乱用者も口コミで「さじ加減」を心得て使っているようです。法規制下の薬物は、乱用すると正常な精神活動を維持している脳の神経細胞や線維が破壊され、神経系統の連絡網がおかしくなり、その結果、「運動する、考える、判断する、楽しむ」といった健康な生活ができなくなります。長い間、反社会的なグループの活動に利用されてきた経緯があります。薬物は、人の健康を害し、健全な社会維持に役立たない有害物質なので、法で厳しく規制されます。

薬物の国際的な規制は、「麻薬に関する単一条約」(アヘン、モルヒネ、ヘロイン、コカインといった古典的な麻薬の規制)、「向精神薬に関する条約」(LSDをはじめとする幻覚剤、覚醒剤、医療用途のある睡眠薬などの規制)、「麻薬及び向精神薬の不正取引の防止に関する国際連合条約」(麻薬、向精神薬およびその原料物質の不正取引や不法収益の没収)の三条約で決められています。

日本では、取締対象となっている薬物は「毒物及び劇物取締法」での規制物質を除いて約1600物質あり、「大麻取締法」、「覚醒剤取締法」、「麻薬及び向精神薬取締法」、「あへん法」、「毒物及び劇物取締法」、「薬事法」の六法で規制されています。法律的には、「麻薬」とは「麻薬及び向精神薬取締法」に掲げられている159種類の薬物および植物ですが、一般的に「麻薬」という場合には、モルヒネ、ヘロイン、コカインのみでなく、覚醒剤、大麻、幻覚剤、精神安定剤も含め、乱用される薬物全体を指すことが多いようです。乱用薬物についての全体的な概念をとらえるため主な作用についてまとめると表のようになります。

日本の薬物乱用状況を押収量から見ると、その推移は図に示す傾向にあります。日本での主な薬物犯罪は大麻および覚醒剤です。日本の近年の特徴としては、50歳以上の検挙者の増加傾向がみられ、若年層の薬物事件での検挙者数の減少が際立っていることが挙げられます。特に、新たに覚醒剤に手を染める青少年が減っているという良い傾向が見えています。かつて多くの青少年をむしばんでいたシンナー乱用問題が大きく改善したことによるものです。しかし、「捕まらない」危険ドラッグの方へシフトしてしまっている傾向が指摘されています。

日本における不正流通薬物押収量の推移

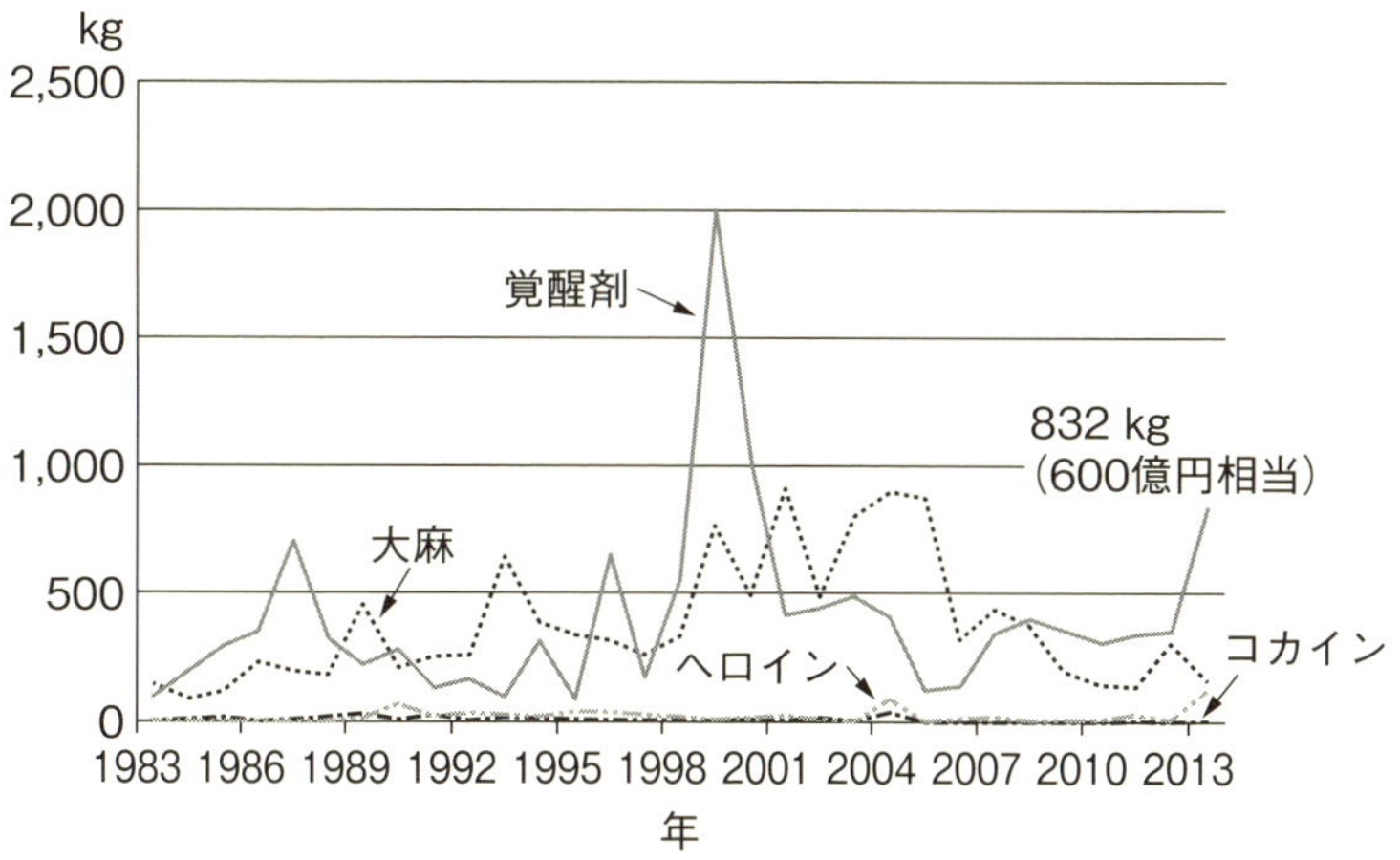

警察庁が2014年3月に発表した薬物種類別押収量状況に
1983年からのデータを加えて作成

薬物の性質

薬　物	興　奮	抑　制	知覚の変容	幻　覚
覚醒剤	○			
MDMA 錠剤型麻薬	○		○	
大麻		○	○	
モルヒネ系麻薬		○		
コカイン	○(少量)			
LSD & サイロシビン				○
睡眠薬など		○		
有機溶剤		○	○	○
指定薬物	○		○	○

41 歴史の長い栽培植物アサから大麻

大麻は、茎から丈夫な繊維を採取できるので古代から繊維をとる植物として栽培・利用されてきた雌雄異株の一年生草本の「アサ」から採られます。花穂の部位や葉に、知覚変容などの精神活動に影響する成分THC（デルタナイン・テトラハイドロカンナビノール）が含まれているため、「大麻取締法」で大麻草および大麻樹脂などの製品が規制対象になっています。大麻草の成熟した茎や種子は規制対象外です。

大麻の種子は小鳥のえさや七味唐がらしの一味として発芽しないよう熱処理したものが販売されています。夏に花屋さんの店先に並んでいる「おがら」は成熟した茎の一部で、お盆の迎え火や送り火用グッズとして使われています。大麻の種子からの不正栽培および不正栽培用の種子所持や提供は処罰の対象になります。

アサは成長が早く、草丈が2～3mになりますが、種子をつけた後はすぐ枯れてしまいます。良く成長した茎は四角形で、浅い筋が通って真直ぐです。葉の裏面には特有の単細胞状の剛毛があります。アサはある意味ではハーブで、若草色の清涼感を見る人に与え、芳香性の良い香りが特徴として挙げられます。花は雄花と雌花が別々の株につき、夏に咲きます。雌株には葉のつけ根に穂のような多数の花が咲きます。雌花を摘むと、ポストイットくらいの粘着性があります。乱用される部位は葉や穂の部分です。

大麻を吸ったときに現れる急性の作用は、心拍数の増加、結膜の充血、食欲の亢進、聴力や視覚の異常、時間・空間感覚の欠如です。気分・情動面での変化は環境や個人で大きく異なりますが、陽気な気分になることが多く、音に敏感になり、異常な音が聞こえたり、普通の人には見えないおかしなものが見えたり錯乱状

アサの葉

大麻葉の裏にある剛毛

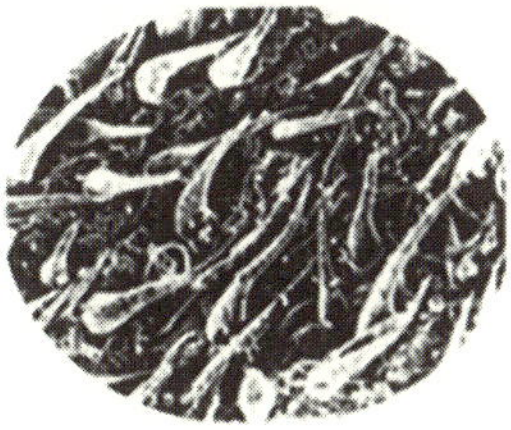

日本で生育していた大麻の押収品
著者（牧野由紀子）と背比べ

態を呈することもあります。大麻乱用者が求める作用はTHCによる知覚変容ですが、大麻草に多数含まれているTHCと構造の類似した多数のカンナビノイド類との相乗効果も大きいと考えられています。

大麻喫煙による慢性の精神障害としては、思考内容の貧困や人格の変化をきたすことが特徴の一つとして挙げられます。大麻による人格変化や精神異常としては、短絡的な思考、世間常識の無視、周囲への配慮の欠如、子供の戯れのような言動が挙げられます。さらに、自分に特別な力があるといった超現実的な妄想をいだき、例えば、「音楽に乗せて作曲家の魂が自分に伝わる」とか、「自分の日記の内容が社会のニュースに影響している」といった外界と内面が影響し合うような認識をする人が多くいるといわれています。

WHOの報告によると、大麻は、記憶への影響、学習能力の悪化、知覚の変化、人格感喪失を引き起こすほか、使用を止めても依存性が残る薬物です。相撲界での大麻喫煙事件を記憶している方々もいると思いますが、覚醒剤と逆で大麻には食欲増進作用が知られています。海外から相撲界に入った若者が、食生活の異なる日本で食欲を増進させ、力士にふさわしい体格を得るために安易に利用してしまうという話があります。

大麻事件では大麻の受動喫煙が話題になりますが、実際に車や密室で長時間大麻の煙にさらされた受動喫煙者で尿中から極めて微量の大麻成分が検出される可能性はあります。しかし、受動喫煙者の場合は、尿中の大麻成分はごく微量であり、簡易キットで陽性と判断できない程度です。日本では、覚醒剤や麻薬には使用罪がありますが、大麻取締法では大麻の使用に関しては罰則がないので、大麻事犯で常に尿検査が実施されるわけではありません。日本では大麻喫煙は法対象ではありませんが、報道などによる社会的な強い制裁を受けることになります。

写真は、東南アジアから密輸入された大麻樹脂で、カーボン紙で包んで大麻樹脂の匂いが出ないようにして木の仏像のなかに隠してあったものです。押収品としてよくあるもので、ＴＨＣ成分を多く含む花穂部分から得た樹脂状物質です。大麻草を壁に打ち付け付着した油をかき集めるといわれています。外観が板チョコのようなものもあります。近年、ブタンガスを使って化学的に抽出した効力の強い大麻オイルが出回り始めています。日本での大麻押収量は、２０１３年には約１６０kgでしたが、世界の大麻押収量は約５０００トンで、北欧での押収量は大幅に増加傾向にあると国連薬物犯罪事務所の報告にあります。

大麻については、合法化の議論が諸外国で長い間続けられています。実際に大麻規制の緩和や部分的な使用容認が米国のいくつかの州やオランダでなされています。

しかし、「オランダでは大麻は合法なものとされている」というのは誤解です。薬物規制に関する国際連合条約に加盟している多くの国（１８６カ国）では、他の薬物同様に大麻を規制しています。オランダおよび米国も国としては、条約を批准し大麻を法律で規制しています。「オランダには大麻を吸える喫茶店がある」といわれていますが、大麻は有害であり違法薬物であることを承知で個人が吸う場合には、少量を指定された場所でのみ吸うことができます。しかし、それ

大麻臭を抑えるため
カーボン紙で包まれていた大麻樹脂

アサの花穂部を集めた
押収品

金箔ロゴ入りの高級品の大麻

は大麻乱用の蔓延を防ぐための一つの手法としての「さじ加減」であって、合法化しているわけではありません。欧州的な考え方のハームリダクション（害削減）であって、比較的依存性の弱い大麻の少量使用を容認することで薬物乱用者が依存性のより強い薬物使用へ移るのを減らそうということです。

オランダ政府は２０１１年にこの種の喫茶店に関し新ルールを設定し、大麻喫煙を目的とした近隣諸国からやってくる青少年による治安の悪化を防止するため、大麻の吸える喫茶店は18歳以上のオランダ居住者だけの小規模な私設会員制クラブとしています。さらに、15％以上のＴＨＣを含有する大麻はハードドラッグに区分し、販売できなくしています。タバコとの違いが話題になりますが、大麻がタバコと違うところは、タバコは本人が肺がんになりやすいリスクを負うことはありますが、脳の機能に影響を及ぼし知覚変容を引き起こす成分は入っていないことです。

42 アヘンから鎮痛薬モルヒネ、麻薬ヘロイン

ケシが産生するアヘンは歴史のある薬物で、紀元前の古代ギリシャの書物に「アヘンはひどく泣く子を鎮めるのに効果あり」と書かれています。原産地はメソポタミアといわれており、古代ギリシャ人は紀元前から使用していたようです。ギリシャから小アジアへとイスラム教の発展に伴って広まり、インドから中国へと伝わっていきました。

アヘンは、ケシの花が散った後の果実皮、いわゆる「ケシ坊主」に傷をつけ、にじみでてくる乳白色液を集め乾燥した樹脂状物質です。茶褐色で特有の甘い黒砂糖のような異臭がします。アヘンに含まれているアルカロイドの主成分がモルヒネです。

「あへん法」で栽培が禁止されている代表的なケシは、ソムニフェルム種、セティゲルム種、ブラクテアツム種です。ソムニフェルム種のケシは、キャベツのような大きな葉をつけ、草丈は1mから1・6mで、モルヒネを多く含むので一貫種と呼ばれています。ブラクテアツム種の「ハカマオニゲシ」は、鎮痛薬オキシコドンの原料となるテバインを含むので栽培が禁止されています。

ケシ属植物は春から夏にかけて色あざやかで美しい大きな花を咲かせるものが多く、ガーデニングや切り花用として人気があります。オリエンタルポピーの別名をもつ「オニゲシ」、夏目漱石の小説の題名にもなっている虞美人草という別名をもつ「ヒナゲシ」、赤白黄色の花が混じって咲くのが特徴の「アイスランドポピー」は、モルヒネやテバインを含まないので園芸用として栽培され、人々の目を楽しませてくれます。

モルヒネは中枢神経系を抑制する薬物で、人では5～10㎎の皮下注射で大脳の機能が低下し、痛み、不安

代表的なケシの花

ソムニフェルム種

セティゲルム種

ブラクテアツム種

ケシ坊主からの乳液採取

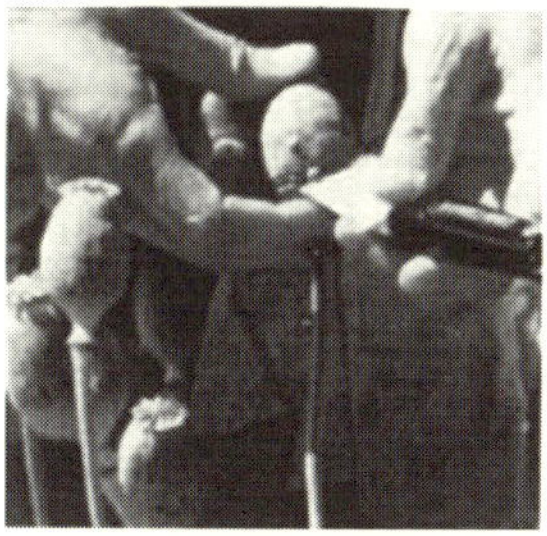

生アヘン

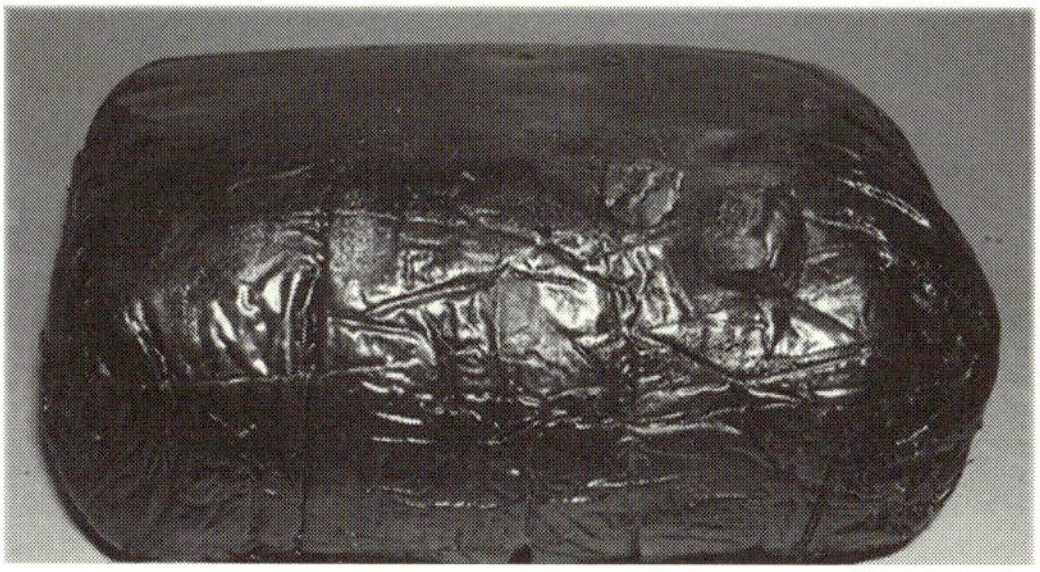

感、恐怖感、疲労による不快感が消失し、意識はありますが判断力は低下し、幻想にふけるようになり、一種の快感を覚えることがあります。急性中毒は100～300㎎の投与で生じ、体温低下、瞳孔縮小、深い昏睡状態になり、呼吸麻痺に陥ります。モルヒネの連用により耐性が生じると、快感を得るのに要する量の増加と快感への欲求が強まり、連用せずにはいられない身体的依存になります。身体依存症になると、突然の廃薬により流涙、発汗、あくびの頻発、震え、痙攣などのいわゆる禁断症状を呈します。

モルヒネは、強度の痛みを伴う疾病の鎮痛薬として現在有効に利用されています。強い痛みを和らげるための適切な量のモルヒネ使用では依存性は生じず、モルヒネ中毒になることはありません。現在、医療現場ではモルヒネの副作用が出ないよう、患者1人1人の用量を考慮しながらの使用が積極的に進められています。乱用されている薬物が全て悪いわけではありません。モルヒネは「さじ加減」で薬にも薬物にもなります。使い方が問題です。

モルヒネと類似のメカニズムで鎮痛作用を有する合成麻薬としては、ペチジン、フェンタニール、テバインから作られるオキシコドンがあります。

モルヒネ系鎮痛薬に属するヘロインは、モルヒネの2個の水酸基を無水酢酸でアセチル化した化学合成品で、戦前に日本では医薬品として販売されていましたが、モルヒネよりはるかに強い鎮痛作用および呼吸抑制作用や依存を引き起こすため、現在は医療用としては使用禁止されています。ヘロインはアジア、欧州、北米での乱用が盛んで、深刻な問題となっている強力な身体依存性を有する魔の薬物です。日本では第二次世界大戦後、横浜の黄金町ではヘロイン乱用者が多くいましたが、近年は乱用が激減しています。

正規に輸入されるヘロインは、モルヒネ製剤用のみでなく、モルヒネからコデインを経てジヒドロコデインの製造に多く利用されています。コデインやジヒドロコデインの含有量が1％以下の製剤は家庭用麻薬として麻薬取締法の規制を受けないので、市販の風邪薬に鎮咳薬として処方されています。しかし、さじ加減を誤るとモルヒネ同様の作用が現れます。

医療用ヘロイン（戦前の医薬品。現在は使用が禁止されている）

ヘロイン粉末を固めたブロック状の押収品

瓶に隠し密輸されたヘロイン（オーストラリア）

モルヒネ系麻薬

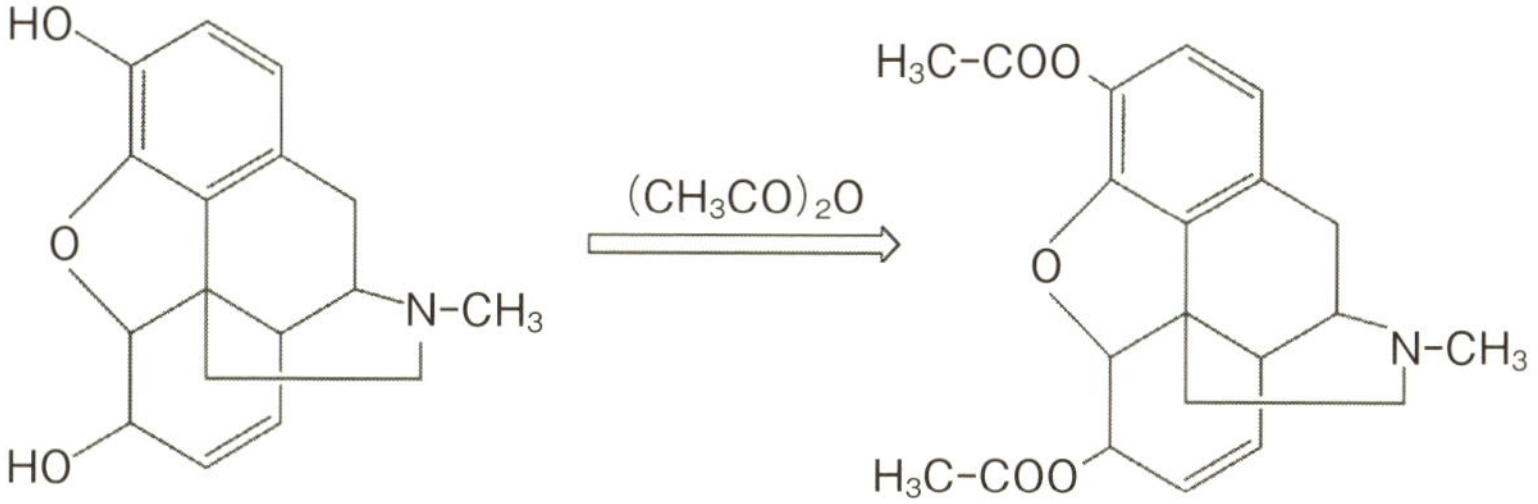

モルヒネ　　ヘロイン

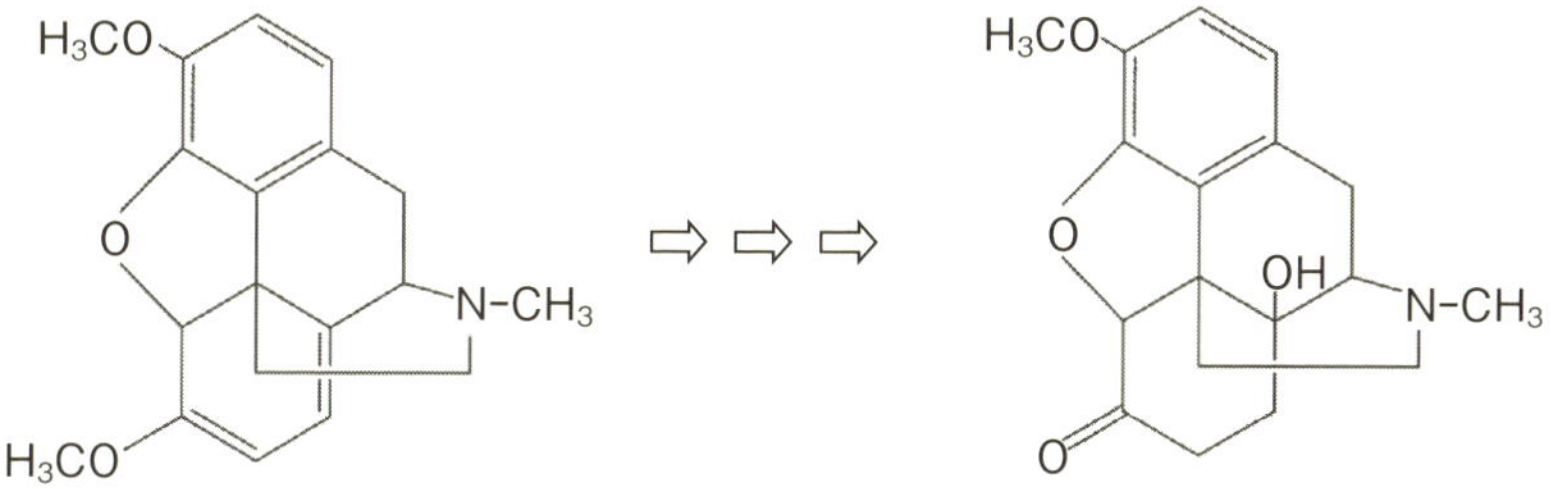

テバイン　　オキシコドン

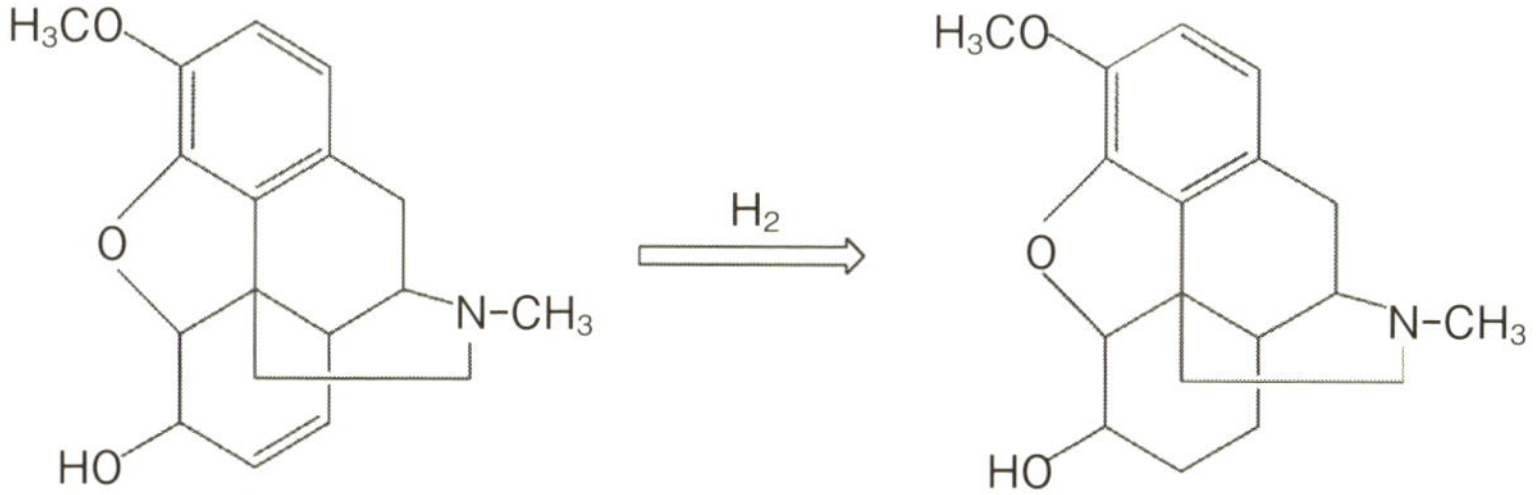

コデイン　　ジヒドロコデイン

43 麻酔薬として使われていたコカイン

コカノキは常緑の灌木で、白または黄色の小さな花を咲かせ赤い実を付けます。原料植物としては「ボリビアコカノキ」と「ジャワコカノキ」があります。

コカノキの葉に含まれている主アルカロイドは、苦味のあるコカインです。紀元前のインカ帝国時代にアンデス地方において、コカノキの葉を口の中でかむ習慣があったことや、病気の治療、特に麻酔用として用いられていたという記録があります。少量のコカインは覚醒剤と類似した中枢神経興奮作用をもっています。医療用としては19世紀後半に局所麻酔剤として用いられた歴史があります。現在はコカインに代わり、局所麻酔薬として毒性の弱いプロカインやリドカイが使用されています。

南北アメリカや欧州では深刻な乱用が現在も続いています。コカノキの葉は保存が難しく、輸送技術の発達していない時代には、輸送中にコカインのエステルが分解するため、世界各国に乱用が拡大しにくかったようです。現在では南米のコロンビアなどから南北アメリカや欧州の各国へコカインが不正に流出しています。国際的には８００トンもの不正流通があります。日本での乱用はほとんどなく、海外で経験した人が持ち込む事犯がまれにある程度です。２０１３年の冬、神奈川県沖に約１００kgのコカインブロックが漂流してきたという事件がありましたが、これは南米での洋上取引されていたものが何らかの理由で漂流物となって流れついたものです。

コカインの作用持続時間は長くても40分程度で覚醒剤の３～６時間に比べ短く、短時間に連用するようになる傾向があり依存性が生じやすい薬物です。多量摂取状態に陥ると、幻覚、痙れん、呼吸停止状態になり、死亡することがあります。

著者（牧野由紀子）がブラジルの法化学研究所で経験したことですが、鑑定に持ち込まれるコカインはほとんどが20％程度しか含まれていないものが多く、粗悪品が多いと感じました。振り返って考えると、コカイン乱用関係者は長い乱用歴から、純度を落とすことで「さじ加減」を学んで実行していたと考えられます。

不正に取り引きされている形態は「コカの葉」、「コカ茶」、「コカイン粉末」、「クラック」、「コカインのブロック」があります。写真のティーバッグは現在でも南米で実際に売られているコカ茶ですが、コカインを含んでいます。日本にお土産として持ち込むと取締りの対象になります。

コカノキの葉

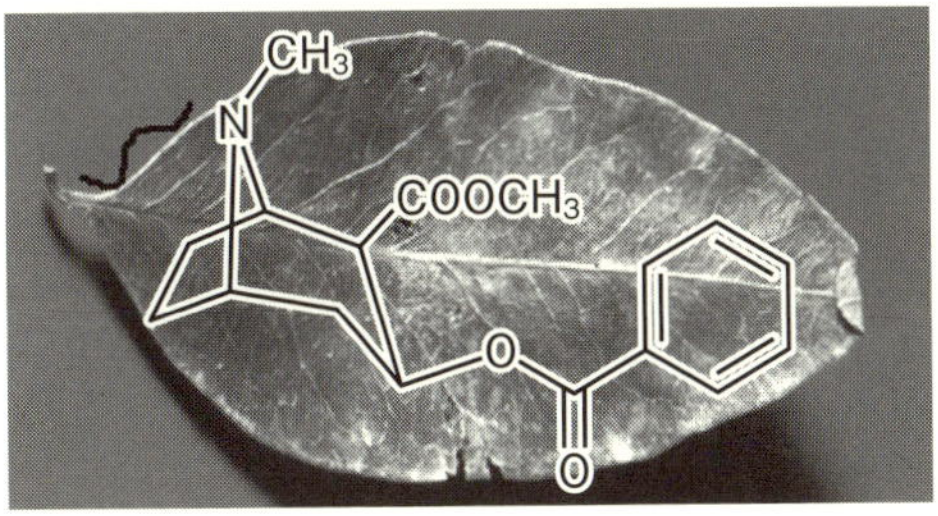

コカインのブロック（左）とクラック（右）

南米で販売されている
コカ茶のテイーバッグ

44 喘息の薬の開発研究で得られた覚醒剤

覚醒剤は中近東や東南アジアで多量に押収されるばかりでなく、近年、欧米でも乱用が広がり問題になっています。

「覚醒剤取締法」で規制されているのは、フェニルアミノプロパン（アンフェタミン）とフェニルメチルアミノプロパン（メタンフェタミン）の２物質です。日本では純度の高いメタンフェタミンの塩酸塩結晶が不正流通しています。東南アジアで不正流通している覚醒剤には、色の付いた粉末や「ヤーバ」と呼ばれている赤い小粒の錠剤もあります。

不正流通している覚醒剤は、「バツ」、「クラックメタ」、「クリンク」、「クリス」、「アイス」、「クリスタルメタ」、「シャブ」、「ヒロポン」、「ホットアイス」、「スピード」、「スーパーアイス」、「イエロウバン」といったさまざまなストリートネームで呼ばれています。

メタンフェタミンは、１８８９年に日本の薬学の先駆者である長井長義博士が喘息の薬「エフェドリン」の研究中に合成したものです。覚醒作用があるということで日本で使用され始めたのは、１９４０年頃といわれています。メタンフェタミンは、現在ほとんど医療用には使われていませんが、うつ病治療の医薬品です。海外では、６歳から12歳の注意欠如多動性障害（ＡＤＨＤ）の治療に塩酸メタンフェタミンを５㎎含む錠剤が使用されています。

メタンフェタミンの常用量を超えて使用すると強い興奮作用が現れ、乱用者は一時的に気分が高まりスッキリ感を味わうといわれますが、普通の人から見ると、「ソワソワと落ち着きがなく、おしゃべりになったり、すぐ腹を立てたり」するようになります。一時的な作用がおさまると、逆に暗い気持ちになり、だるく何も

16cm×9.5cmの
ビニール袋入り覚醒剤結晶

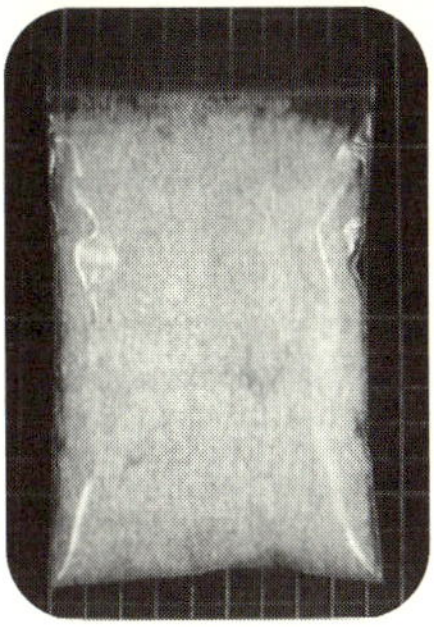

氷砂糖のような覚醒剤の結晶

正規の医療用覚醒剤注射液および錠剤

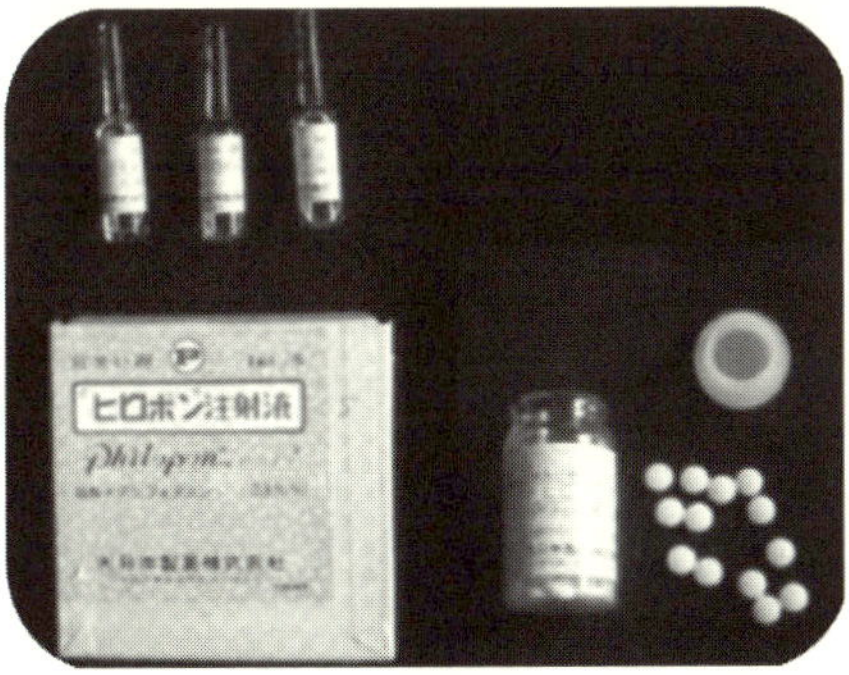

する気もなくなり、イライラや不安な気持ちになります。メタンフェタミンを2、3カ月乱用すると精神依存になり、病的な症状が現れます。

日本では覚醒剤を使用すると罰せられるので、尿中の覚醒剤の検出は重要視されています。乱用者の尿に排泄されるメタンフェタミンとその代謝物アンフェタミンを尿中から検出することは比較的容易です。使用したメタンフェタミンを尿から検出可能なのは通常、摂取後3日から4日の間です。

尿中の覚醒剤の有無を捜査現場や救急医療現場で簡便にチェックするさまざまなキットがあります。2014年に起きた著名な歌手の覚醒剤事件で、自分で覚醒剤の体内からの排泄状況をチェックするのに使用していたと話題となったものもその一つです。米国では薬物の使用は罰せられないのですが、職場の規律を守るために健康診断の一項目として薬物の使用の簡易試験キットが使用されています。日本では、大麻以外の薬物使用に対しては厳しい罰則がありますので、陽性になった場合に対応が難しく、抑止的な意味をもたせるための使用を検討というのが現状です。

覚醒剤事件が起こると、毛髪中の覚醒剤についての話題がメディアに取り上げられます。毛髪からの覚醒剤分析は、尿から覚醒剤が検出されても被疑者がその使用を強く否定する場合に常習性を見るために鑑定嘱託されることがあります。

覚醒剤が毛髪中に取り込まれるメカニズムの詳細についてはまだ解明されていない点もありますが、人体に摂取され血液の循環によって運ばれた覚醒剤の一部は毛根の毛細血管を通じて毛髪中に取り込まれ、毛髪の成長に伴って移動して行くと考えられています。

メタンフェタミンは毛髪中を移行しやすい傾向があり、数カ月以上の長期にわたる使用履歴も髪に残されるので、対象者の覚醒剤使用歴をある程度知ることができます。しかし、頭髪の脱色後の染色やパーマネント処理をすると覚醒剤と親和性のある頭髪中の色素が消失または破壊されるため、頭髪に保持されていた覚醒剤は処理された時点で毛髪から流出していく傾向が強くなり、乱用の程度を反映しない場合もあります。

尿中薬物のスクリーニングキット

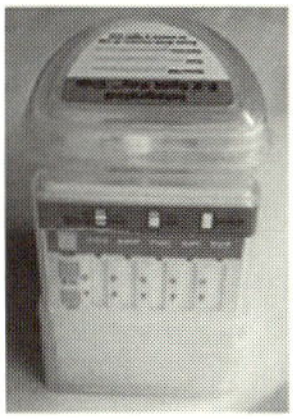

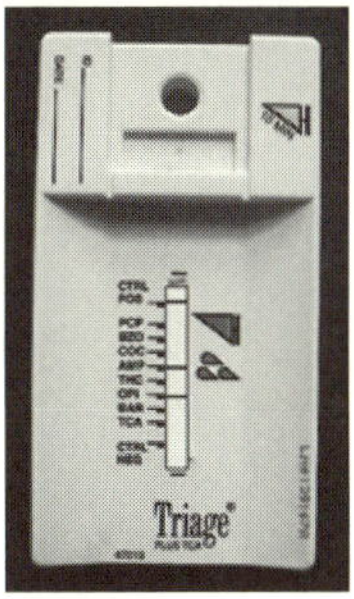

覚醒剤結晶の捜査現場での簡易試験キットでの色調

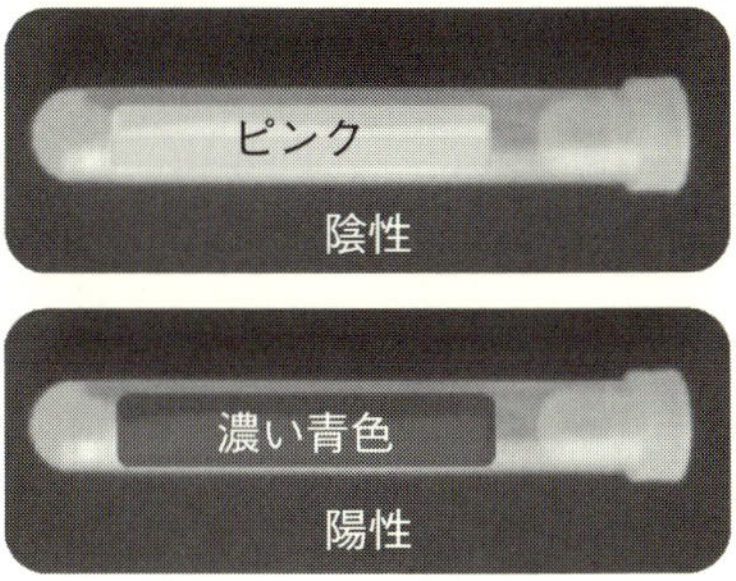

覚醒剤の各種合成ルート

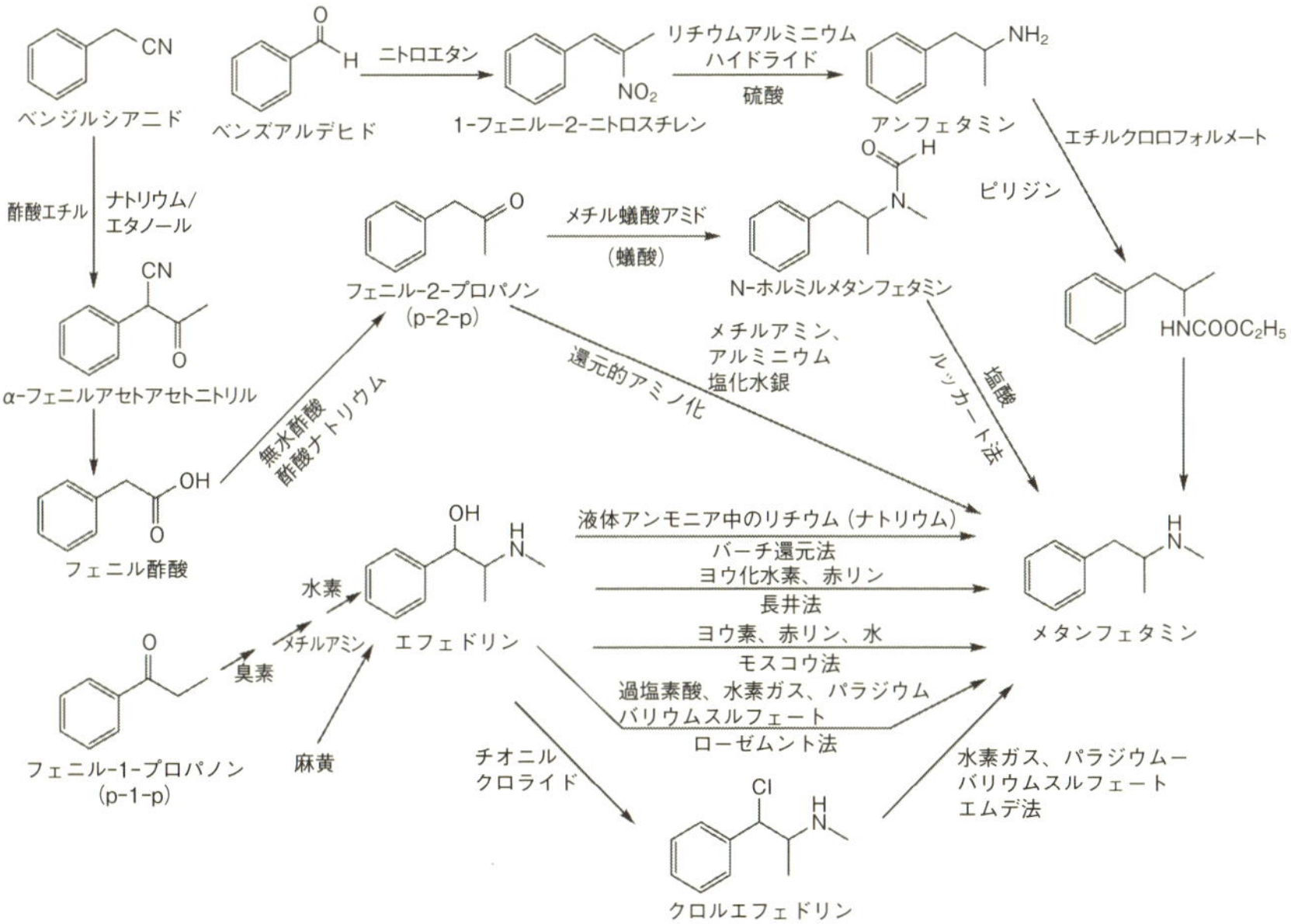

45 覚醒剤の取り締まり対策

2013年の覚醒剤の日本での押収量は800kgを上回り、現在も大量密輸入事件がたびたび報道されており、国内に大きな需要があるということですから恐怖を感じざるをえません。覚醒剤の密造所は日本にはなく、ほとんどが中国、東南アジア、メキシコ、ナイジェリア、アフガニスタン、イラン、オーストラリア、南アジア、カナダなど海外に点在しています。

薬物の密造がなくならないのは、リスクは大きいが利益が得られるからです。日本では、精製してない粗製品を密輸入し、マンションや過疎地の倉庫で洗浄や再結晶をするという犯罪がまれにあります。薬物犯罪の増加を防ぐには、起こった事犯に対し中国や東南アジアの国のように、死刑執行という厳罰で臨むと同時に、薬物の供給を断つこと、すなわち原料の入手を難しくし密造を抑制することが重要な対策です。

さまざまな国で押収される覚醒剤は、外見は類似の結晶であっても、異なる原料、反応条件、反応試薬、反応方法で密造された場合には、それを見極めることができ、その化学情報は取締対策に有効なものになります。覚醒剤結晶に必ず含まれている履歴とも呼ぶことができる隠れた特徴を顕在化することを「プロファイリング」と呼びます。人の場合にプロフィールという言葉がよく使われますが、薬物の場合も同様で、プロファイリングという言葉は薬物の横顔を捉えるということです。

覚醒剤の主要密造原料は、フェニルアセトン（p-2-p）が使用されることもありますが、多くは市販の風邪薬用に製造されるエフェドリンやプソイドエフェドリンです。覚醒剤には、重ね合せることのできない右利きの*d*体と左利きの*l*体の異性体が存在します。

マレーシアで摘発された覚醒剤密造所の反応釜

左利きの*l*体には覚醒作用は全くなく、鼻づまり改善効果のみです。不正流通品は覚醒作用のある*d*体です。フェニルアセトンを原料とした場合には、異性体が混じりますので、光学異性体分析で判断できます。日本の法律では、２つの異性体を区別せず、両方とも規制対象にしています。

世界各国の関係機関のラボでそれぞれ工夫をし、各機関の目的に合った方法で進められている覚醒剤のプロファイリングは、押収品に痕跡残っている微量の原料物質の有無や、密造法によって異なる特徴的な副生成物を探し、さらに原料エフェドリンの製造法の違いを示す指標である安定同位体比値の検討などを行います。

密造原料の起源や密造法の特徴を捉えると、どこの国の製薬会社が製造している原料が使われたかを突き止められ、流通ルートを関係機関がさかのぼって追跡でき、国際的な覚醒剤原料規制対策に利用できます。薬の害の防止に薬物プロファイリングという化学情報も一役担っています。

46 医薬品の開発研究で生まれた合成麻薬

化学的に合成された麻薬には幻覚作用の強いものが多く、その代表がLSDです。1940年頃、スイスの製薬会社で麦角アルカロイドについての研究中に合成された化合物で、合成した研究者本人がごく微量のLSDで幻覚作用を経験したことで知られるようになりました。日本では現在、ほとんど乱用はありません。

薬物による幻覚作用を理解するのに参考になる実験での絵の紹介が、オランダの美術史研究家ベルグ氏により、論文J. Psychoactive Drugs（2002年、34巻、258ページ）にあります。アマチュア画家László Mátéfi氏が実際に幻覚作用のあるLSDやメスカリンを摂取し、メガネをかけた人の肖像画を14時間にわたって描いた絵で、ブダペストのメディカルコレクションに所蔵されているものです。幻覚作用で徐々に脳がダメージを受け、ゆがんだ横顔、次に目や口の位置が異常な位置に描かれた顔、作用の最も強いと思われるときには顔とは思えない絵になり、作用が弱まってくると、ゆがんだ顔の絵からメガネをかけた人の絵にもどっています。幻覚作用でどのように視覚の変調が現れるか明確に示されています。

LSDは50μg程度の微量で幻覚作用が得られます。LSDの影響を受けた人を偶然、業務中に観察した経験がありますが、夢遊病者のように動きまわり、外部からの問いかけには全く反応せず、第三者から見ると何が起こるかわからない危険な行動をします。

錠剤型麻薬として乱用が問題になっているエクスタシー錠剤は、2000年頃から日本での乱用が発生し、2007年には押収が約120万錠まで急増した麻薬ですが、2009年に乱用による死亡事故が発生した後、乱用需要が減ったのか押収量は激減しています。

LSDを染み込ませたペーパーLSD

LSDを摂取して描かれた人物画

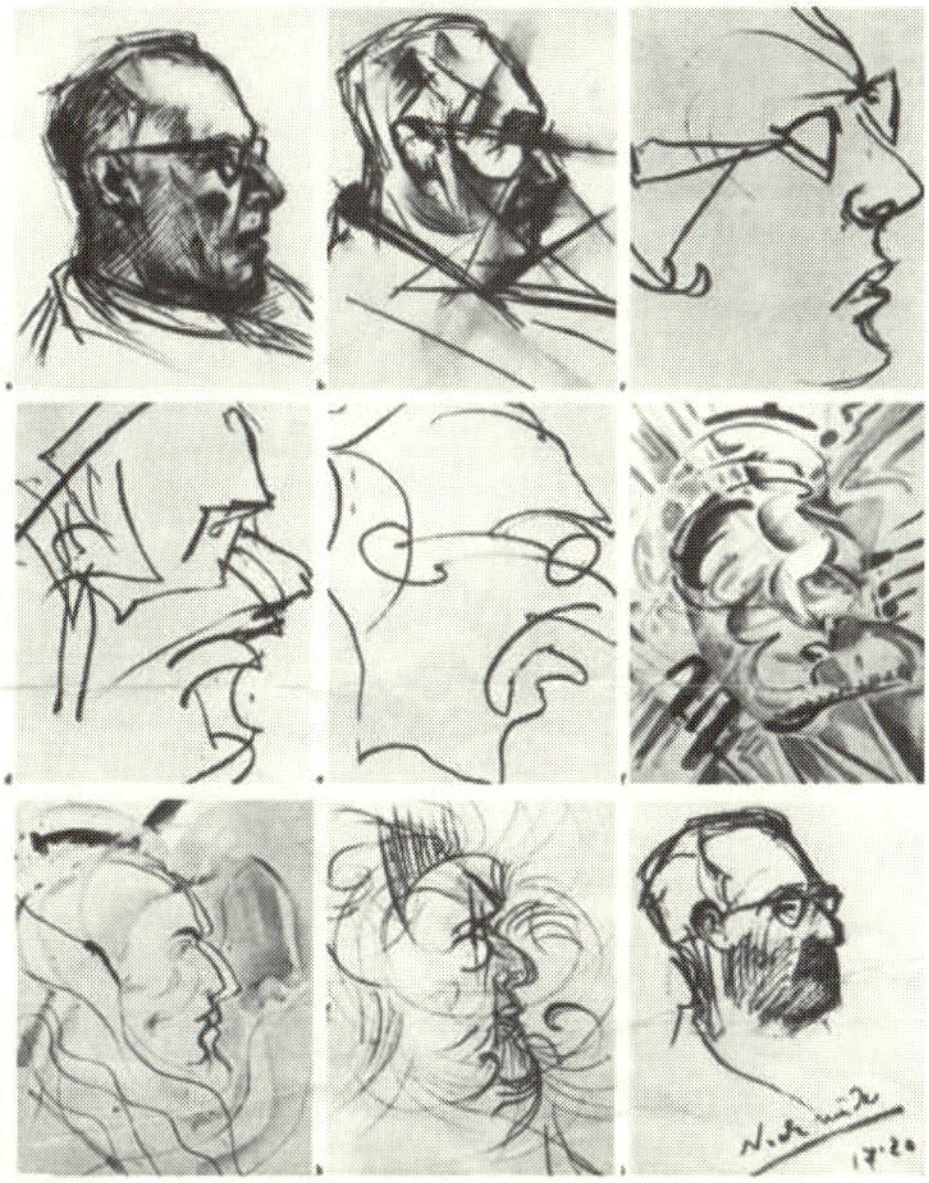

（出典）J. Psychoactive Drugs, 34（2002）, p. 258

近年では時々、音楽関係者の乱用が報道され話題となる程度です。

　エクスタシー錠剤は、合成麻薬ＭＤＡ(Methylene Dioxy Amphetamine)、ＭＤＭＡ(Methylene Dioxy Methyl Amphetamine)、ＭＤＥＡ (Methylene Dioxy Ethyl Amphetamine)のいずれかを主成分として含有しています。

　ＭＤＭＡは、ドイツで１９１２年頃に食欲抑制剤の開発研究で生み出された化合物です。その後、ＭＤＭＡの類縁体ＭＤＡとＭＤＥＡが合成されました。１９７０年頃から、静穏な多幸感が得られるということでリクリエーションドラッグとして乱用され始めました。

　ＭＤＭＡは、メスカリンと覚醒剤メタンフェタミンに極めて類似した化学構造をもつ合成麻薬で、大麻の知覚変容と覚醒剤の中枢神経興奮の両作用を有しています。大きな騒音の続くディスコで長時間遊興にふける若者が、気分の高揚、聴覚の変調で踊り疲れることがない錯覚をいだき、乱用が広がっていった〝パーティードラッグ〟です。

ＭＤＡ、ＭＤＭＡ、ＭＤＥＡは、シナモン類から採られる油を原料として比較的簡単に密造できます。そのため価格が安く、乱用もヨーロッパから米国、東南アジア、オーストラリアに急速に広まりました。トヨタ、コカコーラ、シャネルなど、さまざまなロゴマークがついてカラフルなのが特徴です。エクスタシー錠剤に含まれるＭＤＭＡの含有量は、少ないものは、約30㎎、多いものは約２００㎎と差があり、２００６年前後の錠剤には、覚醒剤、コカイン、エフェドリン、ケタミンが含まれているものもありました。

ＭＤＭＡ類には体温や血圧を上昇させる作用があり、激しい運動を長時間続けると、高熱や腎機能障害で重篤な状況になり、死亡例も報告されています。アルコールとの併用により危険性が高まることも懸念されています。エクスタシー錠剤の押収量の多いのはオーストラリア、米国で、仕出し国はベルギーやオランダです。欧米では、毒性の強い危険ドラッグが含まれていた事例があり、いくつかの薬物の相乗作用で想定外の症状が発現する可能性があります。長い間乱用されてきた薬物とはある意味で違った危険性が高い薬物です。

ＬＳＤやＭＤＭＡ類のほかに乱用が問題になる合成麻薬としては、フェンシクリジン、フェンタニール、ペチジン中間体、カチノン、ＰＣＰ、プロポキシフェンなどがあり、医者による医療用のフェンタニールやプロポキシフェンの乱用が報告されています。

「麻薬及び向精神薬取締法」で規制されている薬物に向精神薬があります。向精神薬は、精神安定剤や睡眠薬として医療用に用いられている薬で、フェノバルビタール、メチルフェニデート、ジアゼパム、トリアゾラム、ニメタゼパム、フェンテルミン、カチンなど79物質が対象になっています。第一種が8種類、二種が9種類、その他は第三種として分類されています。医薬品として役立っていますが、多幸感やすっきり感を求め乱用すると興奮し、幻覚、妄想の入り混じった奇異な行動をするようになります。さらにアルコールと併用したり、多量に服用すると記憶喪失状態に陥り、犯罪行為を行っても記憶にないという現在大きな問題となっている危険ドラッグのような症状を呈します。

エクスタシー錠剤

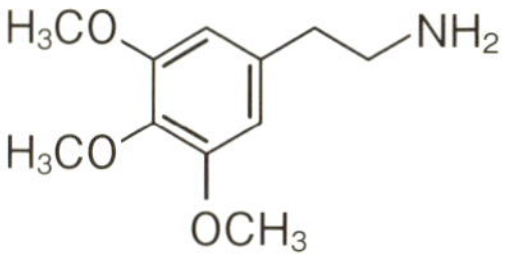

メスカリン

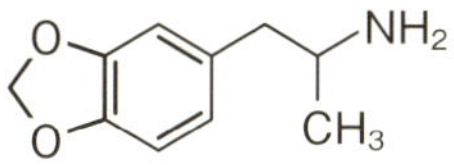

MDA

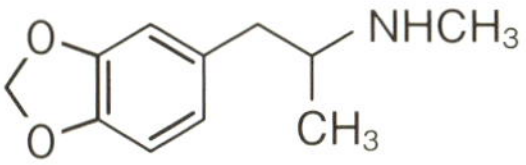

MDMA

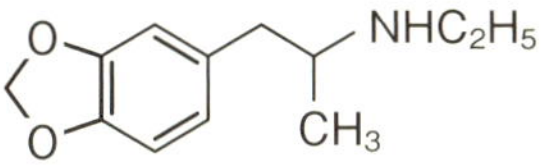

MDEA

向精神薬

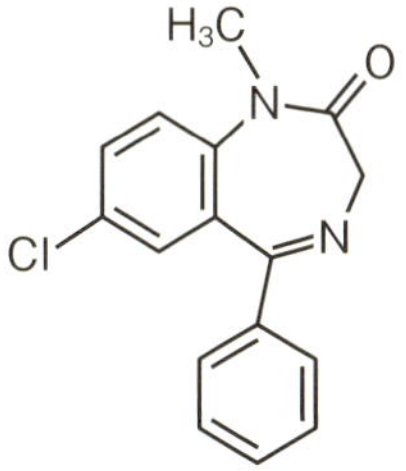

ジアゼパム
（マイナートランキライザー）

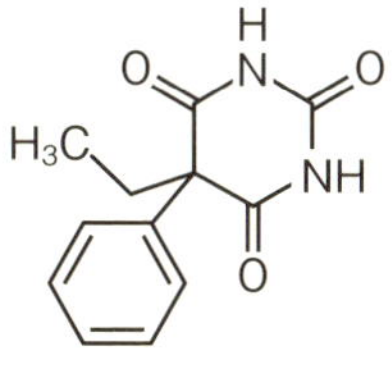

フェノバルビタール
（催眠・鎮静・抗けいれん薬）

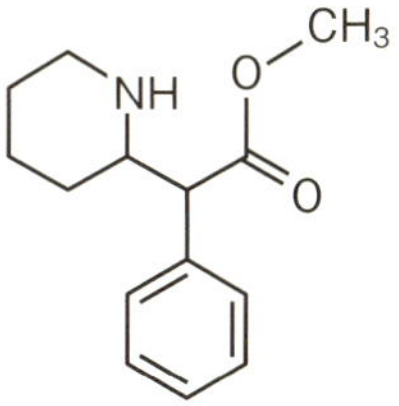

メチルフェニデート
（中枢神経興奮薬）

47 医薬品の研究成果が悪用され流通した危険ドラッグ

薬物乱用者は、大麻から覚醒剤、合成麻薬と、強い作用のある薬物を使う傾向にありましたが、近年は薬物乱用の傾向が変化し、規制薬物に類似した興奮や幻覚作用のある法規制対象外の化学物質への嗜好が高まっています。法に触れるリスクを回避して快楽や非現実的な体験が得られる薬物を使用したいという需要に、高度な薬に関する知識をもった供給サイドが応えているのが実情です。

これまで「デザイナードラッグ」「合法ドラッグ」「脱法ドラッグ」「脱法ハーブ」などと称して、健康に害がない印象を与えて販売されていた薬物を、危険性の高いという意味で「危険ドラッグ」と呼ぶことに2014年7月に決まりました。

危険ドラッグは、芳香剤、お香、ビデオクリーナーと偽った名前で売られています。パッケージに入っているのは、強い一過性の意識障害を起こす化学物質を有機溶剤に溶かし、霧状にして吹きつけたキンセンカ、ベニバナ、カモミール、ヤグルマギク、ダミアナなどの乾燥植物細片です。「ハーブ」といった健康に良いような印象を与えて販売されています。販売サイドはある程度危険性を知っているので、人体への摂取はしないよう製品に注意を書いて販売しています。取締強化で対面販売の店は減少しつつありますが、隠れたルートでの販売が多くなっていると思われます。

規制薬物に似た中枢神経興奮作用や幻覚作用をもつ主な危険ドラッグは、合成カンナビノイド系、カチノン系、フェネチルアミン系、トリプタミン系の4グループの化合物に代表されます。いずれの化合物も、鎮静、鎮痛、食欲増進、興奮、催眠などの作用に注目した医療用薬の開発研究の過程で作り出された多数の化

危険ドラッグ含有ハーブの袋の表と裏

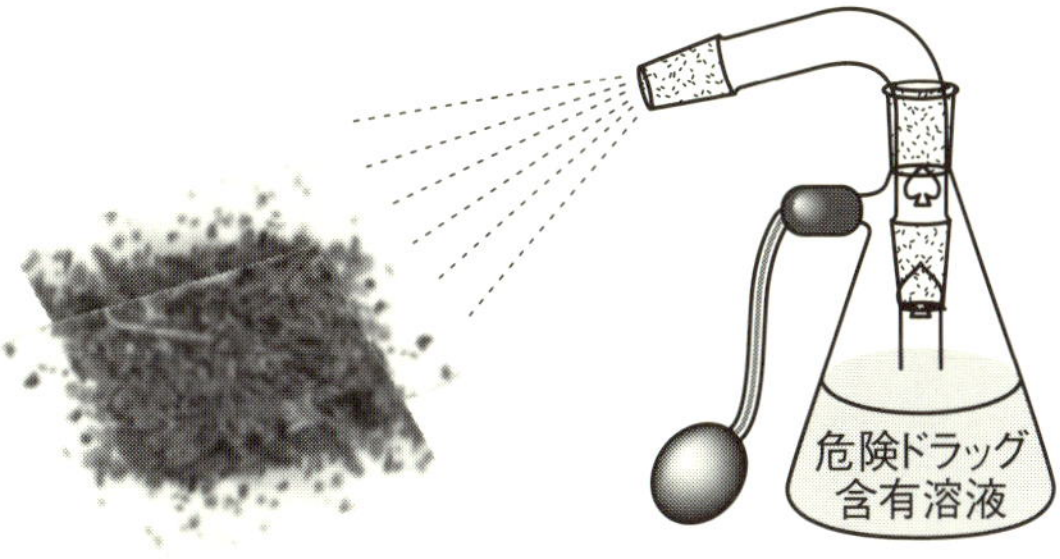

植物細片

合物でしたが、研究成果が悪用され出まわってしまったものです。供給サイドが規制薬物と類似の幻覚、興奮作用を隠して市場に出している危険ドラッグは、古典的な薬物と異なり乱用された期間が浅く、使用量の目安がないため、作用の強さや毒性は極めて高く、頻繁な救急搬送を要する健康被害や悲惨な自動車事故など社会的な弊害を引き起こしています。

日本では、法には触れないが危険性のある薬物を野放しにしておくことはできないということで、２００６年から薬事法で順次「指定薬物」として個別指定しています。２０１１年には指定薬物が68物質でしたが、次々と化学構造の一部を変えた作用の強い新規の化合物が出回り健康被害が出て、問題が大きくなってきました。そこで厚生労働省は省令を改正して、２０１３年から同じ基本骨格をもつ物質群をまとめて指定する骨格規制の手法を導入し、２０１５年１月現在、１４３２物質が、製造・販売・輸入・所持・使用・譲り受け禁止の「指定薬物」となっています。２０１３年の合成カンナビノイド系とカチノン系化合物の二度の包括規制で、指定薬物の数が急増し、規制強化されたことで、海外で使用されたことのない強い作用の新規化合物が一気に日本の市場に入ってきて、次々と大きな事故が発生しています。「さじ加減する常識」をもたない供給グループに規制強化は必須ですが、過渡期であり、強い規制の反動で皮肉な状況が発生しているといえます。

薬物の包括規制には、「骨格規制」と「アナログ規制」があります。

「骨格規制」は、カチノン系化合物を例に図示すると、麻薬に指定されているカチノンの破線の丸で囲んだ基に、化学的な合成反応でフッ素などのハロゲン元素やメチルやエチル基などを組み合わせて合成できる可能性のある504物質を一斉に指定薬物としてしまうことです。まだ危険ドラッグ市場にはない化合物も含まれ、今後供給可能と思われるものを先取りしての指定です。

「アナログ規制」は、類似薬物をまとめて規制する手法です。化学構造や薬理作用から規制薬物と実質的に同等であれば禁止の対象になるという米国で採用されている手法です。米国では、分析の結果、幻覚や興奮など麻薬と似た症状を引き起こす薬物だと判断されれば暫定的に規制対象となり、すぐに取締が可能になります。違法かどうかの最終判断はその後の裁判で行われます。

2014年6月に池袋で発生した危険ドラッグによる交通事故では新規の2物質が含まれていましたが、今後も危険な化合物を複数混在させて、相乗効果で幻覚や興奮作用が強く、死亡に至る危険性をもつ製品が出てきている可能性が高いと思います。

すべての危険な薬物に対する対策としては、迅速な規制による供給の遮断と、危険情報に着目した啓発活動による需要抑制の両面からの対策を強く進めるべきです。手口が次々と変わっていく「振り込め詐欺」に似た危険ドラッグの「イタチごっこ」を終息させ、一般の方々が悲惨な事故に巻き込まれないようにするため、関係機関が知恵を出し合い、多少効果に疑問はあっても、可能な対策を迅速に実施することが必要ではないでしょうか。

代表的な危険ドラッグ

●合成カンナビノイド系化合物

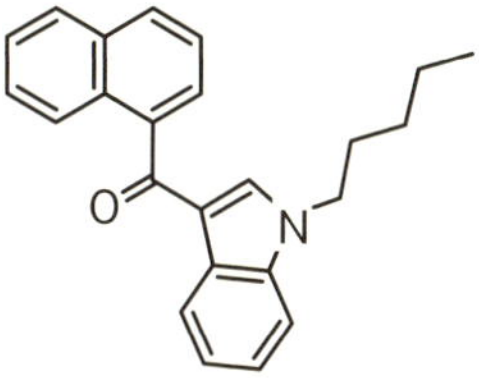

JWH-018
（指定薬物から麻薬に指定変え）

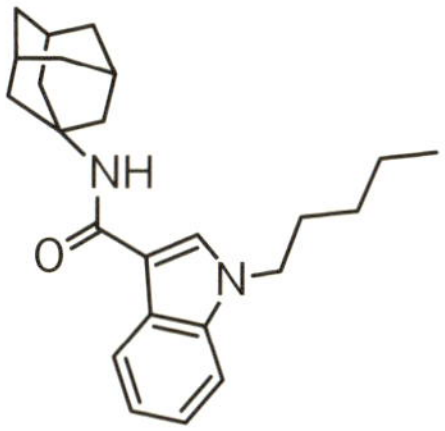

APINACA
（指定薬物）

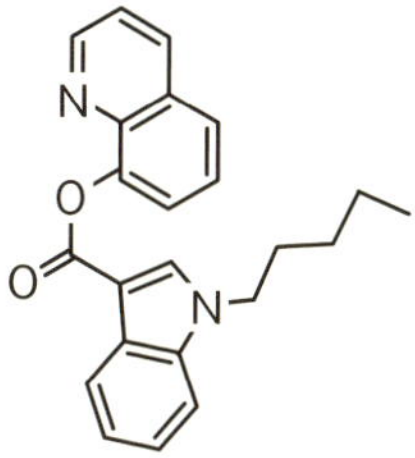

PB-22
（指定薬物）

●フェネチルアミン系化合物

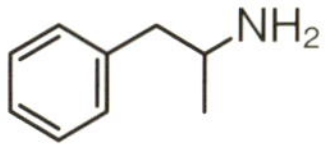

amphetamine
（覚醒剤）

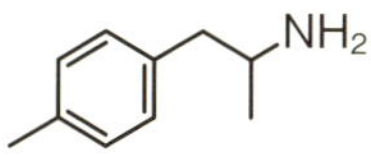

4-methylamphetamine
（指定薬物）

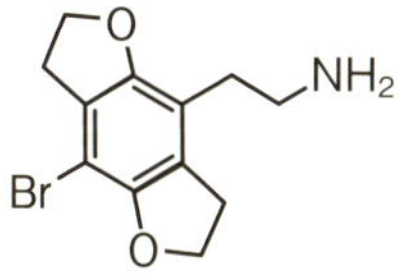

2C-B-fly
（未規制）

●トリプタミン系化合物

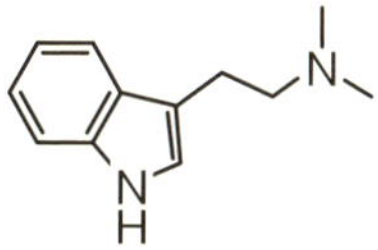

DMT
（麻薬）

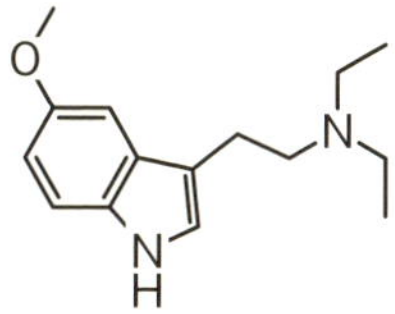

5-MeO-DET
（指定薬物）

●カチノン系化合物

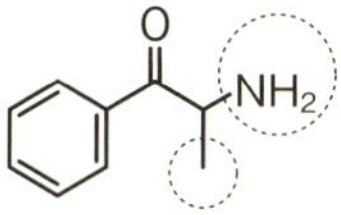

カチノン
（麻薬）

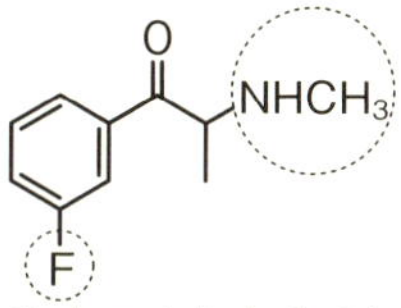

3-フルオロメトカチノン
（指定薬物）

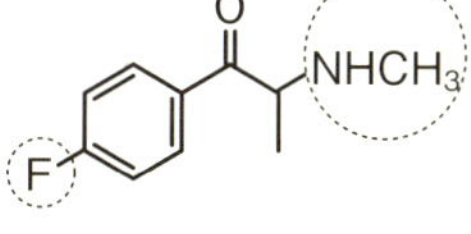

4-フルオロメトカチノン
（指定薬物）

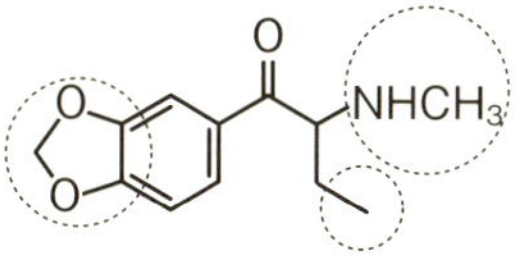

bk-MBDB
（指定薬物）

48 薬物依存は病気であるから治療が必要

著名な芸能人による薬物乱用事件が発生すると、必ず話題になるのがその再犯防止対策です。

２０１１年にウィーンで開催された国連麻薬委員会で国連薬物犯罪事務局長が、有害な薬物使用により依存状態になった人には治療が懲罰より効果的な対策であると明言し、対策を進める方針を出しました。薬物乱用は他の犯罪とは異なり、薬の好ましくない作用や化学物質により生じる精神機能の障害という特徴があります。治療を重視する方向で対策が取られることになったことは正しいことです。「ダメゼッタイ」的な気合いのみでは薬物乱用はなくなりません。

事件が報道されるたびに語られることですが、薬物依存を治療する薬はありません。嗜癖や依存と呼ばれる状況になることを病気としてとらえた新たな治療法の研究がなされ、実用化の段階に入っています。薬物乱用により生ずる依存では、精神作用のある薬物を摂取すると酩酊などの快い反応が得られるために乱用しやすく、その使用がいかなる行動よりも優先度をもつ病的状態になります。

薬物の違いにより、身体依存と精神依存の二つの症状があります。身体依存はモルヒネやヘロインの乱用で生ずる症状で、薬物によって不安定ながら生体が機能を保ちますが、薬物が体内より消失すると禁断症状がでて、意識や自律神経に機能不全を起こします。精神依存は覚醒剤やコカインで生ずる症状で、薬物によって過覚醒による熟考を欠いた空元気、不眠や焦燥、思考障害などが生じる症状で、薬物が体からなくなればヘロインによる身体依存時のような禁断症状は現れません。

２０１４年夏、著名な芸能人の薬物使用事件で、条

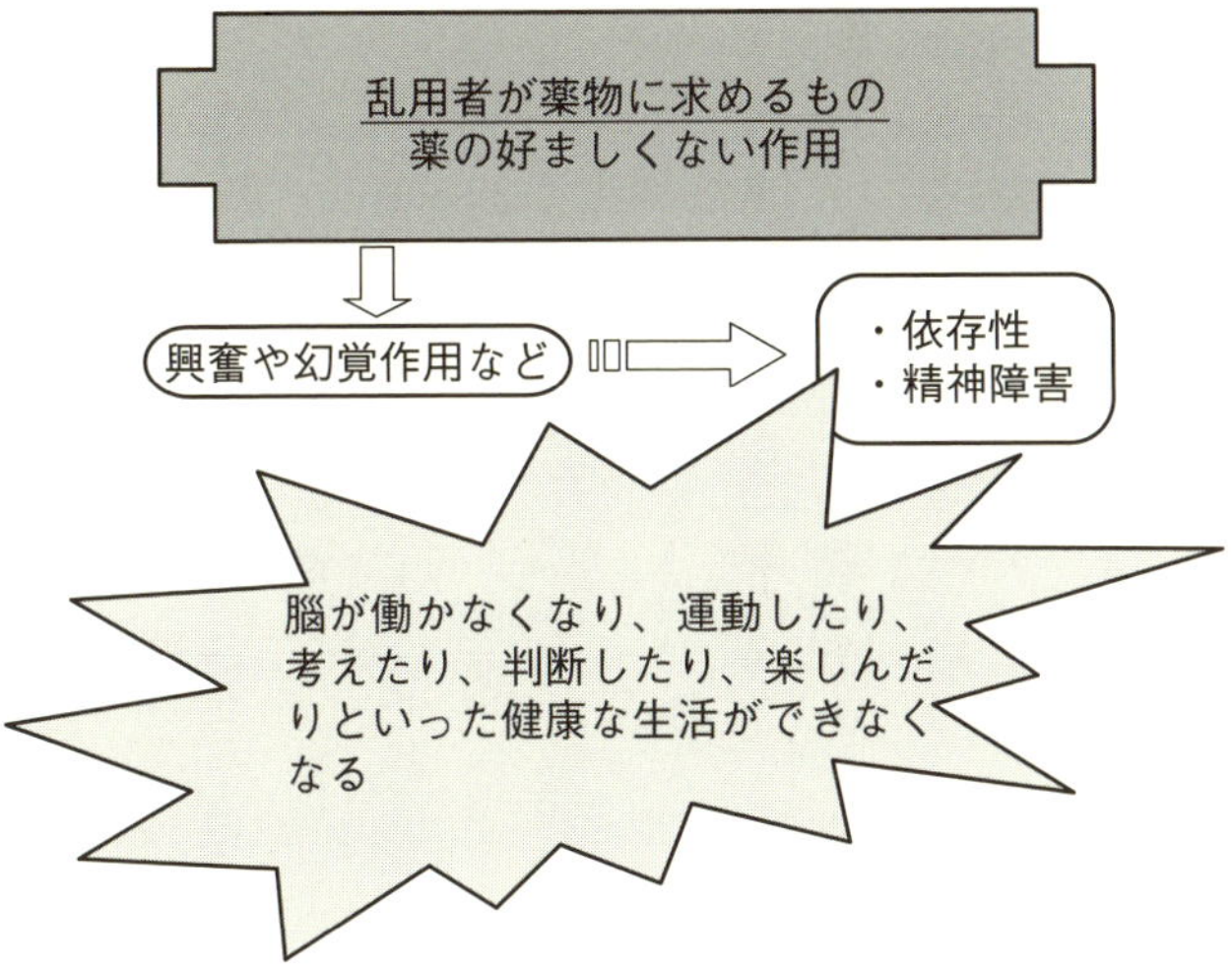

件反射制御法による治療を行っている病院で保釈後治療を受けているという報道がありました。薬物依存症治療の作業療法の一つであるこの治療法は、パブロフ学説に準拠した新しい治療法で、人の脳内にある欲求の元になる中枢神経系と理性を作動させる中枢神経系の2つをうまく使って治療に役立てようという方法です。長年多くの覚醒剤依存症患者の治療に携わっている精神疾患専門病院の平井愼二医師により提唱され、看護師や医療関係者の協力を得て研究が続けられ、成果を挙げつつあります。

覚醒剤を反復摂取する人は、依存になると快感を求め摂取し、反復摂取する設定や行為が刺激となり、自律神経系の変調が反射的に生じる回路が脳内にできてしまいます。その神経の変調は違和感、不快感や苦しみであるため、摂取の目的が快感ではなく、刺激に対する反射症状の継続を回避するため摂取が促進されるようになります。

日本人は梅干しを見ると条件反射で唾液が出てきますが、外国人は梅干しを食べたことがないので唾液は出ません。しかし、つばの出る日本人も酸っぱくない梅干しそっくりなものを食事のたびに食べていると、梅干しを見てもいつの間にか唾液は出なくなります。覚醒剤依存者の無意識的な生体反応を抑制するために、疑似的な覚醒剤の使用や過去の覚醒剤乱用経験を想像することを何回も繰り返す脳の訓練で覚醒剤に対する強い欲求を徐々に弱めていき、最終的には、理性に基づく覚醒剤を使わないという意思で、覚醒剤という刺激に会っても使いたいという気持ちにならない状態にします。条件反射抑制治療終了後は、すぐに社会に出るのではなく、薬物依存症リハビリ施設での社会復帰への訓練を経て、薬物から離れた生活へという過程が必要です。気長な根気のいる治療です。

これまでは、覚醒剤乱用で逮捕される人は、初犯の場合は執行猶予が付き野放しになり、治療や社会復帰への訓練を受けない人が多いため再犯率が7割強と高く、症状が重くなる傾向にありました。２０１３年に刑の一部執行猶予法が成立し、３年以下の懲役または禁錮刑を言い渡される際に刑の一部執行が猶予されます。猶予期間中に依存症の治療や保護観察などを通じて社会復帰への準備を強制することで再犯防止を図ろうという制度です。薬物犯罪では、治療体制の整備が刑の執行とともに重要な時代に入ったということです。薬物依存は病気ですから、一般の病気の場合と共通で、早く発見し初期の段階で治療をすれば治りやすいのは同じことです。

何らかの規制薬物を1回でも使用したことがある生涯経験率が、諸外国との比較で毎年厚労省の研究班により発表されます。その統計では、日本は３％、タイ16％、ドイツ24％、イギリス37％、米国は47％と報告されています。日本では薬物乱用問題が諸外国に比べると健全な状況にあることが、この驚異的に低い数値から理解できます。日本人の教育水準やモラルの高さが薬物問題蔓延防止に役立っていると言えます。

しかし、危険ドラッグという新しい波が、薬物に免疫力の弱い日本に押し寄せています。病気治療のために研究開発されてきた経緯のある化学物質が、思わぬ用途を得て悪用されています。「くすり」は病気の治療に使うものです。娯楽や快楽を得るために化学物質を用いてはいけないという啓発教育を若い方々に行っていくことが、時間はかかりますが重要だと思います。

な行

は行

ま行

さ行

索 引

あ行

か行

●編著者略歴
佐竹 元吉（さたけ　もとよし）

1964年、東京薬科大学卒業。同年、国立衛生試験所（現・国立医薬品食品衛生研究所）入所。91年、国立衛生試験所生薬部長。2001年、国立医薬品食品衛生研究所退官。02年よりお茶の水女子大学生活環境教育研究センター教授。06年より同センター客員教授。13年より同センター研究協力員。学術博士。
著書：「スキルアップのための漢方相談ガイド」（共著）（南山堂）、「薬用植物・生薬開発の最前線」、「薬用植物・生薬開発の新展開」（監修）（以上、シーエムシー出版）、「日本の有毒植物」（監修）（学研教育出版）、「おもしろサイエンス　薬草の科学」「おもしろサイエンス　サプリメント・機能性食品の科学」（共著）（日刊工業新聞社）

NDC 499.15

おもしろサイエンス**毒と薬の科学**

2015年 1月27日 初版1刷発行
2015年 5月 8日 初版2刷発行

定価はカバーに表示してあります。

発行者　井水治博
発行所　日刊工業新聞社　〒103-8548 東京都中央区日本橋小網町14番1号
書籍編集部　電話03-5644-7490
販売・管理部　電話03-5644-7410　FAX 03-5644-7400
URL　http://pub.nikkan.co.jp/
e-mail　info@media.nikkan.co.jp
振替口座　00190-2-186076

印刷・製本　美研プリンティング㈱

2015 Printed in Japan　落丁・乱丁本はお取り替えいたします。
ISBN 978-4-526-07354-0